Stall/Klumpp

GO – Laufen mit Musik

Joachim Stall/Matthias Klumpp

GO

Laufen mit Musik

Mit CD

blv

Danke!
Die Autoren bedanken sich bei allen, die bei der Entstehung dieses Buches mitgeholfen haben: Heinz Dingler, Charly und Beate Ronthaler, Martin Digel, Jutta Klumpp, Gerd Knehr, Andreas Donat und Claudia Stall.

Medizinische Beratung:
Dr. Heitkamp, Universitätsklinikum Tübingen, Sportmedizinisches Institut
Dr. Gernot Schrade, Internist, Wangen i. A.

Bibliografische Information Der Deutschen Bibliothek
Die Deutsche Bibliothek verzeichnet diese Publikation in der Deutschen Nationalbibliografie; detaillierte bibliografische Daten sind im Internet über http://dnb.ddb.de abrufbar.

Hinweis
Das vorliegende Buch wurde sorgfältig erarbeitet. Dennoch erfolgen alle Angaben ohne Gewähr. Weder Autoren noch Verlag können für eventuelle Nachteile und Schäden, die aus den im Buch vorgestellten Übungen und Informationen resultieren, eine Haftung übernehmen.

BLV Verlagsgesellschaft mbH
München Wien Zürich
80797 München

Lektorat: Dr. Bettina Gratzki, Manuela Stern
Layout: Sabine Fuchs
Einbandgestaltung: Joko Sander Werbeagentur, München
DTP-Produktion: Buch & Konzept, Annegret Wehland, München
Herstellung: Angelika Tröger
Gedruckt auf chlorfrei gebleichtem Papier
Printed in Germany • ISBN 3-405-16463-X

Die Autoren:

Joachim Stall:
Jahrgang 1960, er kam über die Stressbewältigung während des Studiums zum Laufen. Dem Joggen ist er bis heute treu geblieben. Neben seiner Arbeit als Audioingenieur schlägt sein Herz für die Musik, als Sounddesigner hat er an zahlreichen CD-Projekten mitgewirkt.

Matthias Klumpp:
Seit 1986 Triathlet. Profi-Triathlet von 1995 bis 2000, Trainer (C-Lizenz) TSG Reutlingen, Europameister (1995) über die Langdistanz, 4. Platz Ironman Australia, 10. Platz Ironman Hawaii, Vizeweltmeister mit der deutschen Mannschaft bei der Langdistanz-Weltmeisterschaft in den USA (1996) sowie bei der Langdistanz-Weltmeisterschaft in Nizza/FRA (1997). Seit 1992 insgesamt neun Teilnahmen und Finishes beim Ironman Hawaii.

Inhalt der beiliegenden CD:

1.	Intro		
2.	Kona Walk	1:00 min	130 SPM
3.	Wideopen	5:00 min	135 SPM
4.	Beach Jogging	5:00 min	140 SPM
5.	Sunrise Jog	5:00 min	145 SPM
6.	Rockgroove	5:00 min	150 SPM
7.	Kinabalu Blue	5:00 min	155 SPM
8.	Jumpee I	5:00 min	160 SPM
9.	Kangoo Run	5:00 min	165 SPM
10.	Funkgroove I	5:00 min	170 SPM
11.	Jumpee II	5:00 min	175 SPM
12.	Funkgroove II	3:30 min	180 SPM
13.	Sprint	0:40 min	
14.	Runout	0:23 min	
15.	Heartcounter	0:30 min	
16.	Silence	0:30 min	
17.	Stretching	6:50 min	
18.	Relaxing	11:00 min	

Gesamtspieldauer: 74 Minuten

Bildnachweis
Apple: S. 28; Bongarts: S. 16, 23; Fotomarktplatz: S. 10, 47; Jump: S. 6; Klumpp, Jutta: S. 30, 35, 55; Knehr, Gerd: S. 8; Kracke, Susanne: S. 14, 56; Odlo: S. 2; Polar: S. 15, 24; Pontis: S. 27; Seer, Ulli: S. 33, 40, 41, 49, 50, 51, 53, 54, 55; Sportfoto Ortiz: S. 45; Stall, Joachim: S. 17, 19, 25, 26, 27, 29, 30 unten, 34, 43

Coverfotos: vorn Uli Seer, hinten Jutta Klumpp

Alle Grafiken Jörg Mair
außer S. 13 Barbara von Damnitz

Inhalt

Einleitung – Laufen Sie in ein neues Lebensgefühl 6

Laufen Sie sich fit! 8
Laufen ist gut! 9
Start-up – so macht Laufen Spaß 10
Fühlen Sie Ihren Puls? 12
Laufen mit Musik 15
Music for you! So finden Sie die richtige Musik 17
Lauftraining aktiv – vom Regenerationslauf bis zum Sprint 18
Laufen Sie sich gesund! 21

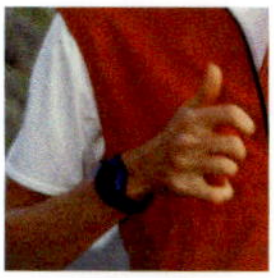

Die Ausrüstung 24
Musik mitnehmen – das richtige Equipment für Läufer 25
Hände frei! Wie Sie Ihr Gerät optimal am Körper tragen 28
Extra-Tools – so kommt die Musik in Ihren Player 30
Laufbekleidung und richtiges Schuhwerk 32

Trainingsbeispiele 34
Die Gestaltung des Lauftrainings 35
Warm-up 39
Lauftraining für Anfänger 41
Lauftraining für Fortgeschrittene 44
Trainingsplan für Langdistanz und Fatburning 46
Studiotraining – Laufband, Stepper, Crosstrainer 48
Stretching – Dehnübungen nach dem Lauftraining 51
Relaxing – Wege zur Entspannung 56

Musik – Songs zum Laufen 58

Einleitung

Laufen Sie in ein neues Lebensgefühl!

Stellen Sie sich Folgendes vor: Ein verträumter Frühlingsmorgen, Sie sind gerade aufgewacht, die Joggingschuhe stehen bereits neben dem Bett. Mit Schwung stehen Sie auf und ziehen Ihre Laufkleidung an. Draußen angekommen, wartet schon die frische Morgenluft auf Sie. Und los gehts: Sie starten mit einem leichten, lockeren Trab. Nach wenigen Minuten erreichen Sie den nahe gelegenen Stadtpark. Ihr Schritt wird etwas schneller. Sie atmen tief durch. Frische Luft durchströmt Ihre Lungen. Ihre Augen laben sich am jungen Grün der großen Kastanienbäume. Hallo! ... Sie sind nicht allein, nette Gleichgesinnte begegnen Ihnen. Man läuft ein Stück zusammen, spricht über »Gott und die Welt« ...
Dann laufen Sie wieder eine Runde allein. Sie ordnen Ihre Gedanken. Sie sind nur Sie selbst. Was wird der Tag bringen? Was ist zu tun? Vieles ist lösbar, denn Sie haben genug Sauerstoff für einen klaren Kopf.
Dann folgt eine kurze Gymnastik- und Stretchingpause: Sie recken und strecken sich, tauschen Verspannungen gegen ein Gefühl von Wärme, das Ihren ganzen Körper durchfließt. Dann geht es wieder weiter in lockerem Trab.
Zu Hause angekommen, nehmen Sie eine erfrischende Dusche und fühlen sich wie neugeboren.
Dann ab ins Büro: »Guten Morgen!«
Mit einem freundlichen »Hallo« begegnen Sie Ihren Kollegen, denn Sie fühlen sich richtig wohl in Ihrer Haut. Sie sind fit, Ihr Tag hat ein anderes Gesicht.

Ein neues Lebensgefühl

So oder ähnlich könnte Ihr Tag als Läufer beginnen. Wenn Sie jetzt diese Zeilen lesen und selbst schon zu »uns« Läufern gehören, dann werden Sie sicher zustimmen. Laufen verändert Ihr Leben. Wer einmal damit angefangen hat, wird es nie mehr missen wollen.
Wir raten allen, die noch nie gelaufen sind und sich jetzt dieses Buch gekauft haben: Probieren Sie es unbedingt aus. Sie werden ein neues Leben beginnen. Es lohnt sich. Unbedingt.

Außerdem: Mit diesem Buch haben Sie, als zusätzliche Ergänzung, Zugang zu einem ganz neuen Lauferlebnis – das Laufen mit Musik.

Wir zeigen Ihnen, wie Sie passend zu Ihrem Laufstil und Musikgeschmack die richtigen Songs finden. Sie werden überrascht sein, denn mit einem fetzigen Sound im Ohr macht das Training noch mehr Spaß, und selbst Regentage werden Sie nicht mehr vom Laufen abhalten.

Bestimmt!

Laufen Sie sich fit!

Laufen ist gut!

Laufen ist einfach

Kennen Sie irgendeine andere Sportart, die einfacher zu erlernen ist? Wahrscheinlich nicht. Denn das Laufen liegt uns Menschen im Blut. Denken Sie doch nur an unsere Vorfahren. Vor nicht einmal 5000 Jahren – evolutionsgeschichtlich gesehen gerade einmal »gestern« – wären Sie mehr oder weniger schon als Läufer auf die Welt gekommen. Sie hätten kein Gramm Fett zu viel, Laufen wäre für Sie überhaupt kein Problem, denn: Es wäre Ihr tägliches Brot, irgendwelchen Beutetieren hinterherzusprinten (oder vor anderen davonzulaufen). Und da das noch gar nicht so lange her ist, steckt in jedem von uns die Veranlagung und das »Programm« zum Laufen. Allerdings: Mit dem viel gepriesenen »Fortschritt« wurden wir leider immer bequemer. Es gibt fast keinen Grund mehr zu laufen. Hinzu kommt: Die meisten von uns verdienen ihr Geld »im Sitzen«.

Laufen ist wichtig

Ja, es stimmt, Laufen ist wichtig. Unser Körper braucht Bewegung. Unsere Muskeln – beim Laufen werden sehr viele aktiviert – brauchen ihre tägliche Arbeit, um nicht schlaff zu werden. Denn leider ist unser Körper so programmiert, all das, was er nicht braucht, irgendwann abzubauen. »Use it or loose it.« Zu Deutsch: Nutz es oder verlier es! Ab dem 30. Lebensjahr geht es damit los. Wirken Sie Ihrem körperlichen Abbau entgegen und laufen Sie. Viele Studien belegen, dass Läufer länger fit sind. Wenn Sie regelmäßig trainieren (ohne zu übertreiben), dann können Sie Ihre körperliche Fitness länger behalten und auch noch mit 60 Jahren an einem Halbmarathon teilnehmen.

Laufen beseitigt Stress

Warum laufen so viele Manager?
Weil sie beim Laufen am effektivsten ihren Stresspegel senken können. Bereits ein 30-Minuten-Dauerlauf kann dazu beitragen, überschüssig produziertes Adrenalin, unser Stresshormon, abzubauen. Hinzu kommt: Wenn Sie länger durchhalten und sich an das Laufen gewöhnt haben, produziert Ihr Körper Endorphine. Und die heben Ihre Stimmung, bringen Ihnen neue Ideen und lassen Ihren Alltag in einem viel positiveren Licht erscheinen.

Läufer haben mehr Power

Laufen ist nicht nur gut für Ihre Muskulatur, sondern auch für Ihr komplettes Herz-Kreislauf-System. Durch regelmäßiges Lauftraining erhöht sich die Pumpleistung Ihres Herzens. Ein gut trainiertes Herz schlägt in der Regel langsamer und benötigt weniger Kontraktionen, um die »normale« Tagesarbeit zu bewältigen. In

Belastungssituationen haben Sie dadurch eine zusätzliche Leistungsreserve zur Verfügung. Untersuchungen haben ergeben, dass jemand, der zweimal pro Woche läuft, ein um 20 % verringertes Herzinfarkt-Risiko hat.

Läufer sind gesünder

Laufen ist gut für Ihre Gesundheit. Laufen fördert die Durchblutung in den Blutgefäßen, der Stoffwechsel wird verbessert. Abfallstoffe werden dadurch schneller und effektiver abgebaut. Erhöhte Blutfette können durch Lauftraining langfristig gesenkt werden.
Überschüssige Fettpolster schwinden. Übergewicht wird gemindert und damit auch die Wirbelsäule entlastet.
Ein wohl dosiertes Lauftraining stärkt nachhaltig Ihr Immunsystem. Durch die regelmäßige Bewegung in der frischen Luft wird Ihr Körper weniger anfällig für Infektionskrankheiten.

Start-up – so macht Laufen Spaß

Allerdings: Laufen kann auch schaden! Gerade als Laufanfänger oder bei gesundheitlicher Vorbelastung sollten Sie Ihren Arzt befragen. Doch keine Sorge: Nur in wenigen Ausnahmefällen ist das Laufen schädlich. Ein Beispiel: Ein Arzt empfiehlt bei extremem Übergewicht zuerst eine alternative Sportart wie Radfahren oder Schwimmen, um die Gelenke zu schonen.

Wer im richtigen Tempo läuft, hat Freude an der Bewegung.

Starten Sie langsam

Wenn Sie mit dem Joggen erst anfangen – das gilt übrigens auch für schon erfahrene Läufer – ist es ganz wichtig, dass Sie am Anfang Ihrer Trainingseinheit nicht zu schnell loslaufen. Beginnen Sie Ihr Lauftraining mit einem gemütlichen »Warmjoggen«.
Anfänger starten am besten mit einem lockeren Walking-Schritt. Nach etwa zehn Minuten, wenn Ihre Muskeln angewärmt sind und Ihr Kreislauf in Schwung gekommen ist, können Sie die Laufgeschwindigkeit langsam steigern.

Laufen Sie Ihr eigenes Tempo

Ein gute Faustregel für das richtige Tempo ist, dass Sie sich während des Laufens locker und ohne angestrengte Atmung mit Ihrem Laufpartner unterhalten können. Mit dieser Methode bleiben Sie normalerweise unterhalb Ihrer Belastungsgrenze. Darüber hinaus ist es sinnvoll, zusätzlich einen Pulsmesser zu verwenden. Er hilft Ihnen zuverlässig bei einer genauen Bestimmung der Trainingsbelastung (siehe auch Seite 14).

Koordination: Ist das wichtig?

Ja, in jedem Fall lohnt es, sich der eigenen Bewegung bewusst zu werden, denn manchmal reichen geringfügige Änderungen, um den Laufstil vielleicht etwas harmonischer, leichter und ökonomischer zu gestalten.

Lauf-Abc

Schauen Sie doch einmal auf Seite 39. Dort finden Sie praktische Übungen zur Verbesserung der Koordination.

Laufschritt

Das Laufen sollte eine fließende, gleichmäßige Bewegung sein. Top-Sportler laufen fast »unhörbar« an Ihnen vorbei. Wählen Sie eine Ihrer Körpergröße entsprechende, nicht zu große Schrittlänge, die eine flüssige Laufbewegung ermöglicht. Achten Sie auf Laufgeräusche: Jedes »Scheuern«, »Reiben« oder »Schlürfen« der Schuhe auf dem Asphalt nimmt Ihnen wertvolle Bewegungsenergie. Beim Aufsetzen der Füße darf der Auftrittfuß nicht vollständig gestreckt sein. Sonst erhöht sich die Belastung auf die Gelenke überproportional und das Abrollen wird erschwert.

Körperschwerpunkt

Stellen Sie sich vor, Ihr imaginärer Körperschwerpunkt läge etwa zehn Zentimeter vor der Hüftachse. Um das zu erreichen, neigen Sie den Oberkörper leicht nach vorne. Im Idealfall sollten Sie den Oberkörper beim Laufen nur minimal auf und ab bewegen, so sparen Sie Kraft. Ihr Laufstil wird insgesamt harmonischer.

Bewahren Sie Haltung

Beim Laufen sollten Sie nicht ins Hohlkreuz fallen. Eine solche Haltung vermeiden Sie durch leichte Anspannung der Bauch- und Pomuskulatur. So kann auch die Wirbelsäule durch ihre natürliche

Musik-Tipp: Koordination

Diese Songs sind sehr »straight« (gleichbleibend) im Rhythmus und daher gut zur Schulung der Koordination geeignet.

		SPM
Lady writer	Dire straits	148
The heat of rock'n'roll	Huey Lewis	150
Don't pay the ferryman	Chris de Burgh	160
Route 66	Rolling Stones	170
Can't buy me love	Beatles	170
Easy living	Uriah Heep	176

S-Form gleichmäßig zum Abfangen der Bewegung beitragen.
Die etwa um 90 Grad angewinkelten Arme schwingen locker neben dem Oberkörper zur Laufbewegung mit, ohne jedoch das Laufen durch Krafteinsatz voranzutreiben. Eine Ausnahme stellen schnelle Sprints dar: Hier ist der ganze Körper unter extremer Anspannung und die Arme unterstützen durch die gegenläufige Pendelbewegung den Vorschub.
Machen Sie keine festen Fäuste, sondern halten Sie Ihre Hände leicht geöffnet. Achten Sie darauf, dass sich Ihre Unterarme praktisch wie auf einer Schiene parallel zur Laufrichtung und nicht um den Brustkorb bewegen. Dadurch vermeiden Sie eine unnötige Torsion (Verdrehung) der Wirbelsäule.
Halten Sie den Kopf so, dass Sie den Blick überwiegend 10 bis 15 Meter voraus richten. Dadurch bleibt die Nackenmuskulatur locker und Verspannungen werden vermieden. Verkrampfungen im Schulterbereich und Nacken erhöhen unnötigerweise die Spannung im ganzen Körper.
Vermeiden Sie auch eine Drehbewegung der Schultern (Brust/Schulterbereich), denn Sie werden dadurch nicht schneller, sondern es kostet Sie nur unnötig Kraft.

Atmung

Durch eine schnellere Atmung steuert der Körper automatisch seinen erhöhten Bedarf an Sauerstoff. Achten Sie jedoch darauf, dass Sie ausreichend tief einatmen und vor allem vollständig ausatmen.
Hierzu folgender Tipp: Um die Bauchatmung zu trainieren, legen Sie sich auf den Rücken und platzieren ein dickes Buch auf dem Bauch. Nun versuchen Sie beim Einatmen das Buch möglichst anzuheben und beim Ausatmen wieder abzusenken. Diese »Baucharbeit« sollten Sie auch beim Laufen verrichten, denn eine gute Bauchatmung ist die ideale Basis für eine optimale Sauerstoffversorgung.

Essen und Trinken

Wer läuft, der schwitzt und verliert damit Flüssigkeit. Trinken Sie deshalb vorbeugend regelmäßig und über den Tag verteilt mehrmals ein Glas Mineralwasser, Apfelschorle oder Ähnliches.
Gut wäre es auch, wenn die letzte größere Mahlzeit spätestens ca. zwei Stunden vor Laufbeginn eingenommen wird, denn sonst ist Ihr Magen während des Laufes noch mit der Verdauung beschäftigt. Wer kurz vor dem Joggen Hunger hat, kann eine Banane oder einen Energieriegel essen.

Fühlen Sie Ihren Puls?

So messen Sie Ihren Puls: Legen Sie Ihren rechten Zeige-, Mittel- und Ringfinger auf die innere Seite des linken Handgelenkes. Hier können Sie gut Ihren Puls fühlen. Zählen Sie die Anzahl der Pulsschläge während einer Minute. Sie können diese auch nur 15 Sekunden zählen und dann den Wert mit 4 multiplizieren.

Unser Herz

Der »Motor«, der unseren Körper ständig am Laufen hält, ist unser Herz. Beim Untrainierten schlägt es in Ruhe etwa 60- bis 80-mal pro Minute, beim Ausdauersportler etwa 40- bis 60-mal. Dabei pumpt der Herzmuskel frisches, in der Lunge mit Sauerstoff angereichertes Blut über ein fein verzweigtes System von Adern und Arterien in alle Teile des Organismus. Neben dem notwendigen Sauerstoff transportiert das Blut auch wichtige Nährstoffe in die Zellen sowie Kohlendioxyd aus den Zellen zurück zur Lunge. Entscheidend für die sportliche Leistungsfähigkeit ist die optimale Funktion des Herz-Kreislauf-Systems. Bei erhöhter körperlicher Aktivität benötigen die Organe mehr Energie. Die Herzleistung passt sich dann den jeweiligen Bedürfnissen des Körpers an. Die Herzfrequenz wird erhöht und die Pumpkraft des Herzens verstärkt.

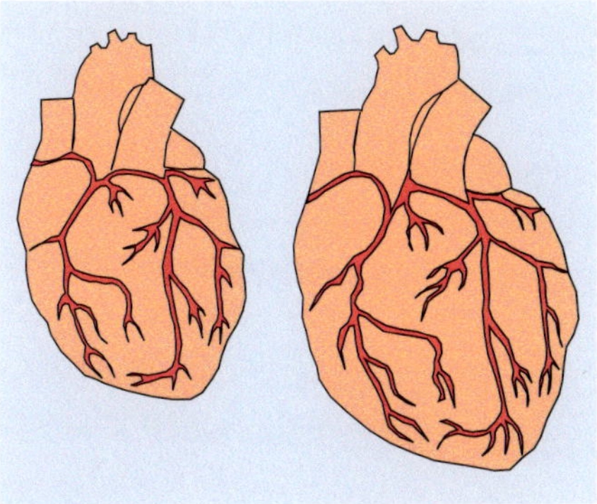

LINKS: Herz eines Untrainierten (Büroherz)
RECHTS: Herz eines Trainierten (Leistungsherz)

Diese Proportionalität von Pulsfrequenz und Belastung lässt sich sehr gut zur Trainingssteuerung heranziehen.

Die maximale Herzfrequenz (HFmax)

Ausgangspunkt für die Bestimmung von Trainingszonen, die bei jedem Läufer abhängig von seinem Trainingszustand sehr unterschiedlich ausfallen können, ist die maximale Herzfrequenz. Diese Kenngröße, die die maximale Schlagzahl des Herzens bei höchster Belastung darstellt, sollte im Training nicht erreicht werden (Ausnahme: Hochleistungssportler). Der Grund: Der Organismus ist in diesem Bereich nahezu überlastet und somit kann kein sinnvoller Trainingseffekt erzielt werden. Allerdings stehen, was im Folgenden näher erläutert wird, diverse Trainingsbereiche immer in Relation zur maximalen Herzfrequenz.

Berechnungsbeispiele

Zur Ermittlung Ihrer maximalen Herzfrequenz gibt es mehrere Methoden, die sich in ihrer Genauigkeit unterscheiden.

Standardmethode:
HFmax = 220 - Lebensalter

Beispiel: Läufer, 40 Jahre alt
HFmax = 220 - 40 = 180

Diese Berechnung ist einfach, doch relativ ungenau, da hier die körperliche Verfassung unberücksichtigt bleibt.
Folgende Formel ist schon etwas präziser:

HFmax = 210 – (0,5 x Alter)
– 11% Körpergewicht
+ 4 (bei Männern) bzw.
+ 0 (bei Frauen)
(Quelle: Strunz, Forever Young)

Beispiel: Läufer, 40 Jahre alt, 75 kg
HFmax = 210 – 20 – 8 + 4 = 186

Noch genauer: Ein Leistungstest

Aussagekräftige Ergebnisse können Sie am besten durch einen praktischen Leistungstest, zum Beispiel auf einem Laufband oder mit einem Fahrrad-Ergometer, erzielen, denn: Vor allem gut trainierte Läufer liegen mit ihren Werten teilweise deutlich über den theoretisch ermittelten Größen. Am besten nutzen Sie das Angebot eines sportmedizinischen Dienstes, der von Sportfachärzten und sportwissenschaftlichen Instituten angeboten wird. Hier wird Ihre körperliche Leistungsfähigkeit mit ausführlichen Tests genau und ohne Gesundheitsrisiko ermittelt.

Wie funktioniert ein Pulsmesser?

Das wohl wichtigste elektronische Gerät beim Lauftraining ist der Pulsmesser.
Ein um den Brustkorb geschnallter Sender ermittelt die Herzfrequenz und sendet die Daten zur Pulsuhr am Armgelenk.
Dadurch ist während des Laufens jederzeit bequem eine Pulskontrolle möglich.
Mittlerweile gibt es sehr viele Geräte auf dem Markt, die neben der reinen Pulsmessung auch zahlreiche analytische Zusatzfunktionen bieten. Am besten, Sie lassen sich in einem Sport- bzw. Lauf-Fachgeschäft beraten.

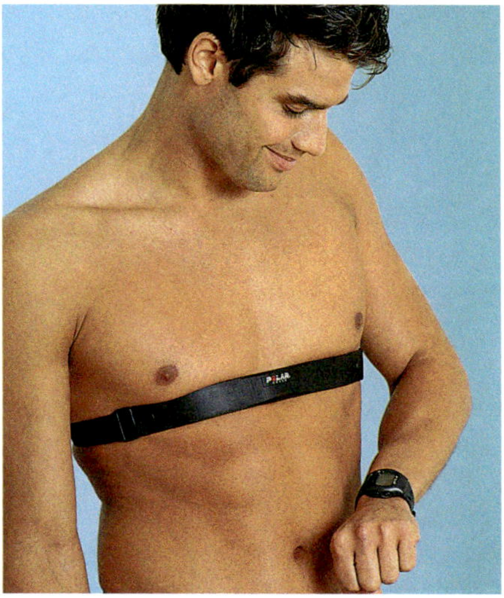

So tragen Sie Ihren Pulsmesser am Körper.

Der Laktatwert

Stellen Sie sich vor, Sie laufen mit ständig zunehmender Geschwindigkeit. Ihr Puls nähert sich langsam Ihrer maximalen Herzfrequenz. Ab einer bestimmten Grenze, die auch anaerobe Schwelle genannt wird, fordern Ihre Muskeln weitaus mehr Energie und Sauerstoff, als Ihr Körper bereitstellen kann. Um den Bedarf ergänzend zu decken, reagieren Ihre Muskeln vermehrt mit der »Verbrennung« von Kohlenhydraten. Da dieser Vorgang praktisch ohne die Verwertung von

Sauerstoff stattfindet, wird er auch anaerobe Verbrennung genannt. Leider entstehen hierbei unangenehme Stoffwechselprodukte (Milchsäuren). Der Anteil der Milchsäure im Blut wird Laktatspiegel genannt.
Bei einem sportmedizinischen Leistungstest wird Ihnen deshalb in kontinuierlichen Abständen etwas Blut abgenommen. Aus den dabei ermittelten Laktatwerten kann der Arzt Ihre Laktatkurve bestimmen.
Ein dauerhaftes Lauftraining in der anaeroben Zone ist für Gesundheitsläufer nicht sinnvoll, da der körperliche Verschleiß weit über dem zu erwartenden Trainingsgewinn liegt. Sinnvoll sind jedoch kurzzeitige Belastungsspitzen im anaeroben Bereich für das Training der Grenzbelastbarkeit. Beim so genannten Schwellenlauf (95 % HFmax) wird ganz bewusst kurz vor der anaeroben Zone gelaufen, um mehr Energie aus Blutzucker bereitstellen zu können.

Pulsmesser sind in zahlreichen Ausführungen mit unterschiedlichen Zusatzfunktionen erhältlich.

Laufen mit Musik

Damit kommen wir jetzt zu einem Thema, das für den einen oder anderen Läufer vielleicht etwas fremd ist: Laufen mit Musik.
Einige werden jetzt sagen: Das geht doch gar nicht, das habe ich schon mal ausprobiert, doch die Musik bringt mich völlig aus dem Takt. Dies ist leider bei vielen Songs der Fall, deren Musiktakt nicht mit dem persönlichen Lauftakt harmoniert.
Doch wir wollen Ihnen jetzt mit einigen Informationen und Ratschlägen helfen, die passende Musik zu Ihrem Laufstil zu finden und damit in ein völlig neues Lauferlebnis zu starten.

Die Läufer, welche schon einmal mit Musik gelaufen sind, haben mit ziemlicher Sicherheit folgende Methode angewandt:

Arrhythmische Anwendung

»Die Beine laufen und der Kopf hört Musik.« Das klingt zwar etwas seltsam, ist jedoch durchaus möglich. Ein Beispiel: Sie hören Ihre Lieblingsmusik oder eben das, was gerade »top« ist, und laufen los. Im besten Fall liegen Laufrhythmus und Musiktakt so weit auseinander, dass sich beide nicht gegenseitig stören. Der hierbei erzielte Effekt liegt weitgehend in der gedanklichen Ablenkung des Läufers vom Laufen. Dies kann bei Songs, die keinen ausgeprägten, hörbaren Rhythmus haben, auch ganz gut funktionieren.

Music Pacing

Zuerst einmal müssen wir den Begriff Pacing bzw. Pacer klären. So ein Pacer ist in manchen Pulsmessern enthalten und wird überwiegend von Profiläufern eingesetzt, um ihr Training besser zu steuern. Bei einem Pacer wird Ihnen über einen kleinen Ohrhörer ein Taktsignal ins Ohr gespielt. Mit diesem Signal wird Ihnen der Laufrhythmus vorgegeben, um die Trainingsbelastung zu steuern. Das Ergebnis ist eine Verbesserung des Laufstils und eine Harmonisierung der Laufbewegung. Doch wollen Sie eine Stunde oder länger einem »tock« … »tock« hinterherlaufen?

Wir schlagen Ihnen mit dem Music Pacing eine angenehmere Methode vor, um Ihr Training zu steuern.

Stellen Sie sich vor, Sie hätten eine Musik, die Sie ähnlich wie ein Pacer antreibt, bei der Ihr Laufrhythmus also exakt mit dem Takt (Beat) der Musik harmoniert. Sie laufen nicht, Sie »tanzen« durch den Wald. Sie haben den gleichen antreibenden Effekt wie bei einem Pacer und zusätzlich mehr Laufspaß durch die Musik, die Ihnen gefällt. Ihr Laufstil wird automatisch harmonischer, die Laufbewegung ökonomischer. Sie haben ein völlig anderes Lauferlebnis. Und siehe da, Sie sind plötzlich bei Ihrer üblichen Laufrunde vielleicht etwas früher am Ziel und weniger erschöpft.

Auch in der Gruppe kann jeder seinem Laufrhythmus entsprechend trainieren.

Damit machen Sie nichts anderes als das, was auch die wirklich guten Läufer auszeichnet. Sie übernehmen deren Rezept und als Ergebnis wird Ihre Laufbewegung sehr gleichmäßig und harmonisch.

Außerdem verbrauchen Sie damit auch weniger Energie, erreichen einen besseren Wirkungsgrad und sind schneller am Ziel!

Mit der richtigen Laufmusik synchronisieren und trimmen auch Sie Ihre Laufbewegung hin zu einem optimierten Energieumsatz. Probieren Sie es aus. Es ist ganz einfach.

Wenn Sie mit Musik laufen möchten, dann empfehlen wir Ihnen Songs, deren Rhythmus in etwa Ihrer individuellen Schrittzahl pro Minute (ISPM) entspricht – und dazu müssen Sie Ihren eigenen Laufrhythmus kennen.

Den eigenen Laufrhythmus erkennen

Bevor Sie Musik zu Ihrem Laufstil suchen können, müssen Sie zuerst etwas über sich selbst erfahren. Jeder Läufer hat,

bedingt durch seine Körpergröße, Schrittlänge und Schrittart, eine individuelle Schrittfrequenz. Wir haben diesen Wert individuelle Schrittzahl pro Minute (ISPM) genannt.
Nur wenn der Rhythmus der Musik mit der Schrittfrequenz des Läufers harmoniert, entsteht ein positiver Trainingseffekt. Um Ihre individuelle Schrittzahl pro Minute zu ermitteln, laufen Sie bitte in normalem Dauerlauf auf flacher Strecke und zählen die Anzahl der Schritte, die Sie pro Minute zurücklegen. Gezählt wird jeder Bodenkontakt. Zum Schluss bilden Sie einen Mittelwert aus mehreren durchgeführten Messungen.
Dies ist Ihre ISPM. In der Regel sollte hier ein Wert zwischen 140 und 170 stehen.

Wenn Sie keine Lust zum Zählen der Schritte pro Minute haben, dann können Sie alternativ auch folgende Methode anwenden: Laufen Sie eine Proberunde mit der beiliegenden Jogging-CD. Auf dieser CD finden Sie fein abgestuft Songs in Schrittzahlen von 130 bis 180 Schritten pro Minute. So können Sie herausfinden, welcher Song am besten zu Ihrem Laufrhythmus passt.

Ein Beispiel

Sie haben den Titel Nr. 9 »Kangoo Run« für sich als optimalen Rhythmus ermittelt. Jetzt können Sie aus der Tabelle auf S. 39 die dazugehörende Schrittzahl ablesen. In unserem Beispiel sind dies 165 Schritte pro Minute (SPM).

Mit einer netten Laufpartnerin oder einem Laufpartner macht das Joggen noch mehr Spaß.

Music for you!
So finden Sie die richtige Musik

Nehmen wir einmal an, Sie wollen Songs für Ihr Lauftraining finden und haben eine ISPM von 160. Als Nächstes durchstöbern Sie Ihre CD-Sammlung oder gehen ins Musikgeschäft und suchen Songs, deren Takt 160 Schlägen (Beats) pro Minute (= 160 BPM) entspricht. Wahrscheinlich werden Sie auf diese Art nichts finden, da es so gut wie keine Platte oder CD gibt, bei deren Songs die Taktzahl (BPM) angegeben wird. Nur CDs aus dem Tanzmusik-, Stepp- und Aerobic-Bereich enthalten oftmals einen BPM-Hinweis. Doch bei der herkömmlichen Musik hilft nur eines: Sie müssen den Takt selbst abzählen.

Wie geht das?
Zählen Sie innerhalb einer Minute die Anzahl der Beats. Am besten geht dies, wenn Sie auf das Schlagzeug achten und die sich ständig periodisch wiederholenden Schläge zählen. Sollte dabei ein kleinerer Wert als 100 herauskommen (zum Beispiel 75), so können Sie diesen Wert einfach verdoppeln – und schon sind Sie bei 150 BPM.

Musikdatenbank
Damit Sie nicht tagelang damit beschäftigt sind, den Takt Ihrer Lieblings-CDs abzuzählen, haben wir am Ende dieses Buches eine umfangreiche Musikdatenbank angehängt. Hier finden Sie bestimmt einige Songs, die zu Ihrer ISPM passen.

Variationen
Sie können Ihre Musik ganz einfach zur Trainingssteuerung einsetzen. Eine Veränderung des Musikrhythmus erlaubt es Ihnen, Ihre Schrittzahl pro Minute in gewissen Grenzen zu steuern.
Untersuchungen haben ergeben, dass es wesentlich einfacher ist, die Geschwindigkeit zu steigern, wenn man die Schrittfrequenz erhöht, statt seine Schrittlänge zu vergrößern.
Beispielsweise kann ein Läufer, der seine ISPM bei normalem Dauerlauf mit ungefähr 160 Schritten pro Minute ermittelt hat, für das Warmlaufen Musik benutzen, die etwas unterhalb dieses Wertes liegt. Wenn er seine Geschwindigkeit und die Trainingsintensität steigern möchte, könnte er nun mit Musiktiteln experimentieren, deren Rhythmen über seiner ISPM liegen. Bedingt durch die individuelle Anatomie und die sich daraus ergebende Laufkinetik hat jeder Sportler einen eigenen Laufbereich, in dem er dem Rhythmus der Musik durch seine Laufbewegung folgen kann. Musik mit Rhythmen, die außerhalb dieses Bereiches liegen, führen zu einer unnatürlichen Laufbewegung. Diese Songs sind dann zur Trainingsunterstützung ungeeignet.
In der Praxis ist es deshalb empfehlenswert, durch Lauftests den optimalen Bereich auszutesten. Hierfür können Sie auch die beiliegende CD benutzen (siehe Seite 39). Dort finden Sie Songs von 130 bis 180 SPM.

Lauftraining aktiv – vom Regenerationslauf bis zum Sprint

Je nachdem, wie Ihre Lauf- und Leistungsambitionen sind, gibt es für Sie unterschiedliche Trainingsarten und -zonen, in denen Sie Ihr Lauftraining ausüben können.

Regeneration (RGL) – der Laufbereich bis 70 % der maximalen Herzfrequenz
Diese Gesundheits- und Antistress-Zone – hier laufen Sie im Sauerstoff-Überschuss – eignet sich gut zum Aufwärmen, zum Abschalten nach einem stressigen Tag oder auch zur Regeneration nach einem anstrengenden Wettkampf. Vielen Läufern

fällt es allerdings schwer, diesen Bereich einzuhalten, da hier kein Belastungsreiz ausgeprägt ist.
Wenn Sie gerne mit Musik laufen möchten, empfehlen wir Ihnen für die Regenerationsphase generell ruhigere Musik. Stellen Sie die Lautstärke so ein, dass Sie die Musik angenehm im Hintergrund, als Motivationshilfe hören.
Am besten, Sie testen Songs, deren Takt etwa 5 bis 20 Beats unterhalb Ihrer normalen ISPM liegt. Dadurch wird Ihr Lauftempo automatisch nicht zu schnell.
Wenn Sie einen Pulsmesser besitzen, können Sie dies bei verschiedenen Songs ausprobieren und so die optimalen Titel für diese Trainingsart herausfinden.

Vergessen Sie bei Ihrem nächsten Strandurlaub nicht die Laufbekleidung.

Ein Beispiel
Unser Testläufer hat eine ISPM von 160 ermittelt.

Für die Trainingsart Regeneration empfehlen sich deshalb für ihn Songs von 140 bis 155 SPM als Laufmusik.

Musik-Tipp: Regeneration

(Basis 160 SPM) leichte lockere Musik von Cristopher Cross bis Janet Jackson

		SPM
Again	Janet Jackson	132
Man at work	Overkill	145
Show me the ...	Peter Frampton	146
Hotel California	Eagles	152
Sailing	Cristopher Cross	152
Never gonna dance	George Michael	152
Hunting high ...	A-Ha	156
Sunrise Jog	CD (Track 5)	145
Rockgroove	CD (Track 6)	150

Lockerer Dauerlauf (LDL) – maximale Herzfrequenz: 70 bis 80 %
Dies ist die Standard-Trainingszone der meisten Läufer. Durch die Belastung mit 70 bis 80 % HFmax bewegen Sie sich immer in der aeroben Zone. Sie ist auch für lange, ausgedehnte Trainingsläufe ideal.
Achten Sie darauf, dass Sie sich dabei ohne Anstrengung locker nebenbei unterhalten können. Bereitet Ihnen dies Mühe, dann laufen Sie schon zu schnell. Wollen Sie mit Musik trainieren, so empfehlen sich Songs, deren Rhythmus in etwa Ihrer ISPM entspricht.

Musik-Tipp: lockerer Dauerlauf

(Basis 160 SPM)

		SPM
I'm holding on to love	Shania Twain	158
Maniac	M. Sembello	160
Message in a bottle	Police	160
What you get is ...	Tina Turner	164
Jailhouse Rock	Elvis	166
Jumpee I	CD (Track 8)	160
Kangoo Run	CD (Track 9)	165

Tempo–Dauerlauf (TDL) – Laufzone mit 80 bis 90% der maximalen Herzfrequenz

In diesem Bereich laufen Sie, wenn Sie Ihre aerobe und anaerobe Ausdauer verbessern wollen. Bei ca. 85% HFmax werden Kohlenhydrat- und Fettstoffwechsel gleichermaßen trainiert, ohne jedoch die Muskeln zu übersäuern. Wenn Sie beabsichtigen, an Wettkämpfen teilzunehmen, oder Ihre Fettverbrennung verbessern wollen, dann gehören gelegentliche Läufe bis ca. zehn Kilometer in dieser Belastungszone zu Ihrem Trainingsprogramm. Gerade bei Tempo-Dauerläufen ist es im Training oftmals relativ schwierig, die Laufgeschwindigkeit zu halten, da der Organismus bestrebt ist, in ein langsameres Tempo zurückzuschalten.
Mit einem fetzigen Rhythmus im Ohr halten Sie jedoch viel einfacher Ihre Geschwindigkeit, ohne das Training als »Last« zu empfinden. Als Musik empfehlen sich Songs, die mit bis zu 20 Beats über Ihrer ISPM liegen.

Musik-Tipp: Tempo-Dauerlauf

(Basis 160 SPM)

		SPM
Shakedown	Bob Seeger	170
Livin la vida loca	Ricky Martin	176
Speed	Billy Idol	176
Highway Star	Deep Purple	176
I'm still standing	Elton John	180
Funkgroove I	CD (Track 10)	170
Jumpee II	CD (Track 11)	175

Schwellenlauf (SL) – maximale Herzfrequenz: 90 bis 95%

Diese Art des Trainings ist für Laufanfänger nicht empfehlenswert.
Bei den so genannten Schwellenläufen bewegen Sie sich nahe an Ihrer HFmax. Sie laufen ganz bewusst im anaeroben Bereich, um die Glykogenkapazität zu steigern, das heißt, Blutzucker wird zur Energieversorgung der Muskeln bereitgestellt.
Um Überlastungen zu vermeiden, sollten Sie unbedingt mit einem Pulsmesser laufen. Eine fetzige Musik kann Ihnen in diesem Bereich das Leiden etwas versüßen! Wählen Sie am besten schnelle Titel, deren Rhythmus deutlich über Ihrer ISPM liegt. Sie müssen vielleicht etwas mit der Musik experimentieren, um die optimalen Songs für die richtige Belastung zu finden.

Musik-Tipp: Schwellenlauf

(Basis 160 SPM)

		SPM
Speed King	Deep Purple	180
Everybody needs ...	Blues Brothers	190
Blue suede shoes	Elvis	190
The simple things	Joe Cocker	190
Jumpee II	CD (Track 11)	175
Funkgroove II	CD (Track 12)	180

Fahrtspiel (FS) – Laufbereich mit Rhythmuswechsel

Hinter dem Begriff Fahrtspiel verbirgt sich ein lockerer Wechsel von schnellen und langsamen Laufphasen, gelegentlich erfolgt ein kurzer Sprint oder Sie bewältigen einen steilen Anstieg am Berg.
Mit entsprechender Musik können Sie sich ein interessantes »musikalisches« Fahrtspiel zusammenstellen.
Hierzu ein Beispiel: »School« von der Gruppe Supertramp. Ein langsamer, getragener Anfangspart, der mehr zum Schlendern einlädt, geht über in einen sehr »fetzigen« Mittelteil, dem wahrscheinlich nicht alle Läufer folgen können – bis zum Schlusspart, der dann wieder locker ausklingt.

Kurzer Sprint (S)

Track 13 auf der beiliegenden CD bietet Ihnen Musik für eine kurze Sprintübung, die Sie idealerweise in ein Fahrtspiel einbauen können.

Musik-Tipp: Fahrtspiel

School	Supertramp
99 Luftballons	Nena
Kristallnacht	Bap
Sprint	CD (Track 13)

Laufen Sie sich gesund!

Etwa 40 % der Bevölkerung sind übergewichtig. Das wäre eigentlich gar nicht so schlimm, doch leider sind die überflüssigen Pfunde oft mitverantwortlich für viele Erkrankungen, wie zum Beispiel Herz- und Kreislaufbeschwerden sowie Diabetes. Da die meisten gesund bleiben möchten, versuchen sie, die Pfunde schnell mit Hilfe einer Diät loszuwerden. Leider hält das Ergebnis so einer »Abmagerungskur« meistens nicht lange!

Der »Jo-Jo-Effekt«

Viele kennen diesen Effekt. Wenn Sie nach einer Schlankheitskur wieder auf normale Kost umstellen, kommt es in vielen Fällen zu einer Gewichtszunahme. Bereits nach kurzer Zeit ist das Ausgangsniveau wieder erreicht, manchmal wird es sogar noch überschritten. Dies liegt daran, dass sich der Körper daran gewöhnt hat, mit weniger auszukommen, und dement-

sprechend besser die aufgenommene Nahrung verwertet.
Wenn Sie nach Ihrer Abmagerungskur regelmäßig weiterhin Ausdauersport betreiben, können Sie diesen Kreislauf ganz einfach durchbrechen. Wer aktiv Sport treibt, verfügt automatisch über einen höheren Energiebedarf und vermeidet damit eine erneute Gewichtszunahme.

Die optimale Kombination – Laufen und Diät
Da eine Diät nur bedingt weiterhilft, ist es besser, wenn Sie Ihr Schlankheitsprogramm zusätzlich durch Bewegung und Sport ergänzen. Regelmäßiger Sport fördert den Muskelaufbau, Ihr Körper wird straffer und athletischer. Und mehr Muskeln verbrauchen mehr Energie! Dadurch wird auch Ihr Grundenergiebedarf gesteigert. Bei gleich bleibender Kalorienzufuhr können Sie so zusätzliches Körperfett abbauen.

Testen Sie sich selbst – Körpergewicht und Body-Mass-Index
Sicher wollen Sie wissen, ob sich Ihr Körpergewicht im normalen Bereich bewegt. Eine einfache Methode, um dies abzuschätzen, ist die Ermittlung des Body-Mass-Index (BMI). Diese Kenngröße beschreibt das Verhältnis von Gewicht zu Körpergröße.

$$\text{BMI} = \frac{\text{Gewicht [kg]}}{\text{(Körpergröße im Quadrat) [m]}^2}$$

Beispiel: Körpergewicht 80 kg, Größe 1,80 m
BMI = 80 : (1,80 x 1,80) = 24,69

Normalgewicht entspricht einem BMI von 20 bis 25.

Body-Mass-Index, Angabe des Gewichts in Kilogramm

Körpergröße in Metern	18	20	21	22	23	24	25	26	28	30
1,55	43,2	48,1	50,5	52,9	55,3	57,7	60,1	62,5	67,3	72,1
1,58	44,9	49,9	52,4	54,9	57,4	59,9	62,4	64,9	69,9	74,9
1,61	46,7	51,8	54,4	57,0	59,6	62,2	64,8	67,4	72,6	77,8
1,64	48,4	53,8	56,5	59,2	61,9	64,6	67,2	69,9	75,3	80,7
1,67	50,2	55,8	58,6	61,4	64,1	66,9	69,7	72,5	78,1	83,7
1,70	52,0	57,8	60,7	63,6	66,5	69,4	72,3	75,1	80,9	86,7
1,73	53,9	59,9	62,9	65,8	68,8	71,8	74,8	77,8	83,8	89,8
1,76	55,8	62,0	65,0	68,1	71,2	74,3	77,4	80,5	86,7	92,9
1,79	57,7	64,1	67,3	70,5	73,7	76,9	80,1	83,3	89,7	96,1
1,82	59,6	66,2	69,6	72,9	76,2	79,5	82,8	86,1	92,7	99,4
1,85	61,6	68,5	71,9	75,3	78,7	82,1	85,6	89,0	95,8	102,7
1,88	63,6	70,7	74,2	77,8	81,3	84,8	88,4	91,9	99,0	106,0
1,91	65,7	73,0	76,6	80,3	83,9	87,6	91,2	94,9	102,1	109,4
1,94	67,7	75,3	79,0	82,8	86,6	90,3	94,1	97,9	105,4	112,9
1,97	69,9	77,6	81,5	85,4	89,3	93,1	97,0	100,9	108,7	116,4
2,00	72,0	80,0	84,0	88,0	92,0	96,0	100,0	104,0	112,0	120,0
2,03	74,2	82,4	86,5	90,7	94,8	98,9	103,0	107,1	115,4	123,6
2,06	76,4	84,9	89,1	93,4	97,6	101,8	106,1	110,3	118,8	127,3
2,10	79,4	88,2	92,6	97,0	101,4	105,8	110,3	114,7	123,5	132,3

Bei einem BMI-Wert von 26 bis zu 30 spricht man von leichtem Übergewicht. Ein BMI über 30 lässt auf ein ausgeprägtes Übergewicht schließen Nach Rücksprache mit einem Arzt ist es bei Übergewicht ratsam, eine Diät in Kombination mit sportlicher Betätigung zu absolvieren. Lassen Sie sich von Ihrem Hausarzt beraten. Er kann Ihnen sagen, welche Diät und welche Sportart für Sie geeignet sind.

Die Energiebilanz

Eigentlich ist Abnehmen ganz einfach – und doch so schwer. Die zugeführte Energie in Form von Nahrungsmitteln sollte geringer sein als die, die Ihr Körper verbraucht. Nur dann wird Ihr Organismus die gespeicherten Fettvorräte angreifen. Als Läufer sind Sie jetzt fein raus. Wenn andere mit dem Hungern anfangen müssen, können Sie durch Jogging überschüssiges Fett einfach abtrainieren. Durch ein regelmäßiges Lauftraining erhöhen Sie automatisch Ihren Energieverbrauch, und wenn Sie Ihre Essgewohnheiten beibehalten (oder vielleicht sogar etwas weniger essen), werden ganz nebenbei auch noch Ihre Fettvorräte abgebaut.

Fettabbau (Fatburning)

Wichtig für einen optimalen Fettabbau ist, dass Sie während Ihrer Trainingseinheit möglichst viele Kalorien aus der Umsetzung von Körperfett in Glukose beziehen. Dieser Vorgang wird bei langen, ausgedehnten Läufen am besten aktiviert. Da Sie lange im aeroben Bereich laufen, besorgt sich Ihr Körper nach etwa 30 Minuten die notwendigen Kalorien, teilweise auch aus den körpereigenen Fettdepots.

Regelmäßiges Lauftraining fördert den Fettabbau.

Tipps

Wenn Sie einen Pulsmesser besitzen, dann versuchen Sie bei 60 bis 85 % HFmax zu laufen – und dies möglichst lange. Dann ist Ihr Energieumsatz optimal. Nach dem Training sollten Sie viel trinken. Essen Sie dagegen wenig und möglichst fettarme, jedoch eiweißreiche Kost mit wenig Kohlenhydraten – ideal ist Jogurt oder Hüttenkäse. Ihr Körper verbrennt dann weiteres Fett.

Die Ausrüstung

Musik mitnehmen – das richtige Equipment für Läufer

Eine immer wieder gestellte Frage ist die nach dem richtigen Audioequipment. Schließlich möchte kein Läufer zusätzliches Gewicht tragen, aber trotzdem die Musik in optimalem Sound genießen. Soll es ein Kassetten-Walkman oder ein hochmoderner MP3-Player sein? Diese Frage ergibt sich gerade in der heutigen Zeit, da die technische Entwicklung so rasant fortschreitet und ständig neue Geräte am Markt erscheinen. In diesem Kapitel wollen wir die wichtigsten zur Zeit gebräuchlichen Geräte vorstellen und deren spezielle Eigenschaften etwas genauer betrachten.

Kassetten-Walkman

Der gute alte analoge Walkman ist eigentlich der Klassiker unter den portablen Abspielgeräten. Er ist günstig in der Anschaffung und robust im Handling. Verwendet werden die herkömmlichen analogen Compactkassetten, die in fast jeder Stereoanlage bespielt werden können. Manche Hersteller bieten sogar eine Sport-Version des Walkmans an. Bei diesen Modellen ist das Laufwerk spritzwassergeschützt und verkraftet dadurch auch einen etwas feuchteren Umgang, wie er beim Joggen üblich ist – zum Beispiel bei einem langen Lauf im Regen oder bei Läufern, die stark schwitzen und ihren Walkman in der Hand tragen.

Tipp: Kaufen Sie ein Gerät mit Capstan Servo. Bei diesen Modellen ist der Gleichlauf des Motors geregelt und der Antrieb hat dadurch weniger Tonhöhenschwankungen, was sich wesentlich angenehmer anhört (kein Leiern). Verwenden Sie Kassetten bis zur Größe C100.

Wenn Sie gerne auch nebenbei Radio hören wollen: In einigen Playern ist sogar ein FM-Empfänger eingebaut. Dies ist bei längeren Laufstrecken von Vorteil, da das Radio eine nützliche Informationsquelle darstellt. Auch bei zu Ende gehenden Akkus spielt dann das Radio meistens noch einige Zeit länger als die Kassettenfunktion.

Vorteile:

+ Robust und einfach zu bedienen
+ Geringe Stoßanfälligkeit
+ Günstiger Anschaffungspreis

Nachteile:

- Songs nicht einzeln anwählbar (kein Track Skip)
- Stromverbrauch relativ hoch
- Tonqualität nicht auf CD-Niveau
- Gewicht, Packmaß

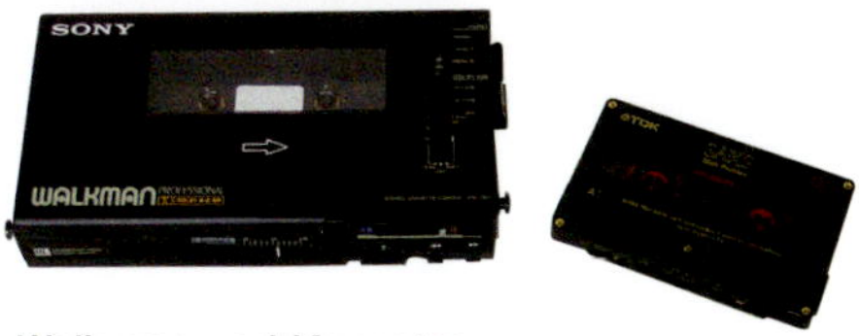

Walkman und Kassette

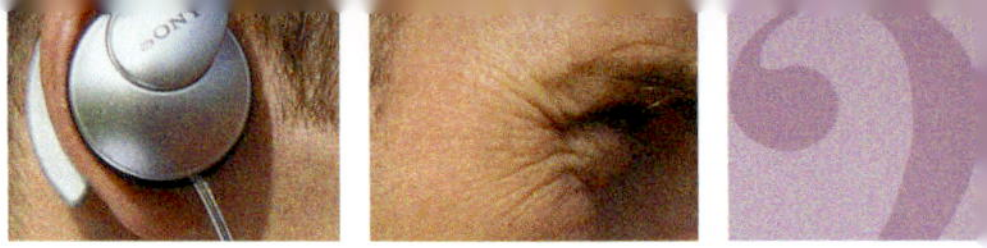

CD-Player

Die Vorteile liegen bei diesem Player auf der Hand. Man legt einfach seine Lieblings-CD ein – und los geht´s.
Bei der Klangqualität sind keine Abstriche zu machen, da die Wiedergabe ohne jede Datenreduktion in CD-Qualität erfolgt. Wer einfachstes Handling sucht und umständlichen Überspielvorgängen aus dem Weg gehen möchte, der ist mit einem portablen CD-Player am besten versorgt. Leider sind die Geräte, bedingt durch die Größe der CD (zwölf Zentimeter Durchmesser), in ihrer Bauform etwas unhandlich.
Manche CD-Player können sogar zusätzlich MP3-CDs abspielen.

Vorteile:

+ Einfaches Handling
+ Beste Soundqualität
+ Tracks einzeln anwählbar

Nachteile:

- Große Bauform, bedingt durch das Medium CD
- Stoßanfälligkeit beim Bergablaufen
- Keine Aufnahmefunktion – CD-Brenner/PC erforderlich, wenn eigene Musik zu einem Trainingsprogramm zusammengestellt werden soll

Portabler CD-Player

Beim Kauf sollten Sie unbedingt darauf achten, dass der portable CD-Player einen Antischock-Schutz bietet (auch Jogg-Proof genannt). Vor allem beim Bergablaufen ist das Abtastsystem (Laser) des Players enorm gefordert. Es muss die Auslenkungen durch die Laufbewegung ausgleichen und den Laser in einer genau definierten Bahn halten. Logischerweise kann es gelegentlich zu Tonaussetzern kommen. Ein Gerät mit Antischock-Mechanismus und die Verwendung eines guten Tragesystems ermöglichen aber trotzdem brauchbare Ergebnisse.

Minidisk-Player

Diese Geräte verwenden die sieben Zentimeter große Minidisk (MD) als Speichermedium und sind damit wesentlich handlicher als ein CD-Player. Bei der Minidisk wird die Audioinformation digital gespeichert und mit einem speziellen Verfahren datenreduziert. Die meisten MD-Recorder besitzen eine Aufnahmefunktion. Dadurch ist es möglich, direkt von der Stereoanlage auf eine MD aufzuzeichnen. Dies ist ideal für diejenigen, die sich selbst ihre Musik zusammenstellen möchten.
Wie bei einer CD können einzelne Tracks auch direkt angewählt werden (Track Skip). Manche Geräte bieten einen Long Play Modus. Damit kann auf eine einzige MD über vier Stunden Musik aufgezeichnet werden. Die MD-Player sind leider auch etwas empfindlich gegenüber Erschütterungen.

Vorteile:

+ Robust, einfach zu bedienen
+ Songs einzeln anwählbar (Track Skip)
+ Aufnahmefunktion

Nachteile:

- Störanfälligkeit beim Bergablaufen

Minidisk-Player und Minidisk

MP3-Player

Die neueste Entwicklung auf dem Markt der Abspielgeräte sind die so genannten MP3-Player.

Bei ihnen ist die Audioinformation datenreduziert im MP3-Format auf kleinen Speicherkarten (Ram Cards) abgelegt. Dadurch ergibt sich ein Riesenvorteil: Sie haben keinerlei Probleme mit der Stoßanfälligkeit. Sie können rennen, hüpfen, springen – das Gerät wird nie einen Aussetzer produzieren. Zudem sind die Geräte in der Regel relativ klein und leicht. Sie eignen sich daher ideal zum Joggen. Wer einen Rechner besitzt, kann sich zu Hause seine Musik zu einem Trainingsprogramm zusammenstellen und danach auf eine Speicherkarte laden.

Ram Cards

Diese kleinen Speicherkarten gibt es in unterschiedlichen Bauformen und Speichergrößen. Für eine Stunde Joggingmusik benötigen Sie in der Regel eine Karte mit 64 MB Ram-Speicher.

Tipp: Kaufen Sie einen MP3-Player, der verschiedene Kartenformate unterstützt (zum Beispiel: Pontis SP600). Dann können Sie sogar die Speicherkarte Ihrer Digitalkamera für den MP3-Player verwenden und umgekehrt.

Vorteile:

+ Klein und handlich
+ Keine Stoßanfälligkeit
+ Niedriger Stromverbrauch

Nachteile:

- PC + Kenntnisse vorteilhaft für Anwendung
- In der Regel keine Aufnahmefunktion

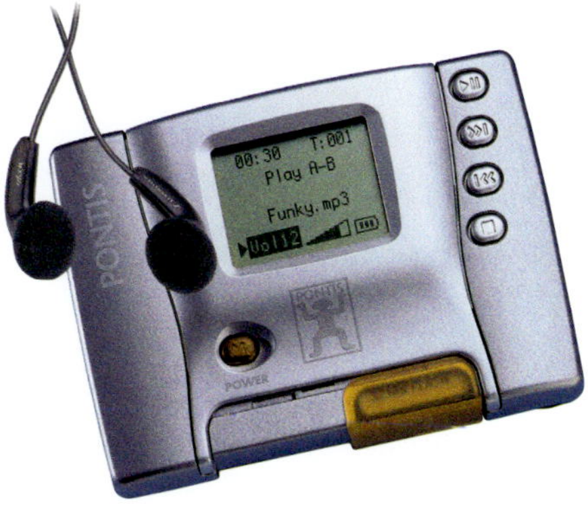

MP3-Player

MP3-Player mit interner Festplatte

Ebenfalls relativ neu am Markt sind Geräte, in denen die Daten (MP3-Songs) auf einer internen Festplatte abgelegt werden. Bedingt durch die große Speicherkapazität der Festplatte können so mehrere 1000 Songs in einem Player abgespeichert sein.

Dadurch hat man nahezu unbegrenzte Möglichkeiten für einen stundenlangen Musikgenuss. Am Computer kann man sich eigene Tracklisten (Trainingsprogramme) zusammenstellen. Einige Geräte, wie zum Beispiel der Apple Ipod, bieten eine sehr schnelle Datenschnittstelle (Firewire), um innerhalb von wenigen Sekunden die neusten Songs abzuspeichern.

Vorteile:

+ Hohe Speicherkapazität
+ Geringe Stoßanfälligkeit

Nachteile:

- PC + Kenntnisse notwendig für Anwendung
- in der Regel keine Aufnahmefunktion

MP3-Player mit interner Festplatte

Hände frei! Wie Sie Ihr Gerät optimal am Körper tragen

Immer wieder gibt es Läufer, die ihren Musik-Player in der Hand halten und so durch den Wald laufen. Nun denn, wer die notwendige Ausdauer dafür in seinen Armen hat, kann dies gerne tun.

Besser ist es jedoch, wenn Sie sich für Ihr empfindliches Gerät ein Tragesystem kaufen. Dann sind Ihre Hände frei und Sie können ohne asymmetrische Belastung locker losjoggen. Nebenbei schützen Sie auch Ihr teures Gerät vor schädlicher Nässe und Korrosion.

Am Markt gibt es viele verschiedene Taschen (Gig bags) passend zu den jeweiligen Geräten.

Am besten, Sie nehmen Ihren Player zum Kauf mit in das Geschäft (Outdoorladen oder Hi-Fi-Fachhandel) und suchen sich dann das passende Tragesystem dafür aus. Praktisch sind zum Beispiel Tragegurte, bei denen Sie noch Platz für weitere Utensilien wie eine Wasserflasche oder mehrere Energieriegel haben.

Kopfhörer

Als Läufer dürfen Sie bei diesem Thema gerne etwas wählerisch sein. Sicher kennen Sie die einfachen »Standard-

Gig bag für Jogger

ohrstöpsel«. Leider sind nicht alle Menschenohren gleich groß, was dazu führt, dass die Ohrhörer gerne bei dem einen oder der anderen während des Laufens herausfallen oder so fest sitzen, dass sie Schmerzen verursachen. Deshalb gehört zu einem wirklichen Lauferlebnis auch ein guter Kopfhörer. Laufen Sie doch einmal mit einem Sport-

Mit dieser Tasche haben Sie die Hände frei beim Joggen.

kopfhörer. Auf dem Markt gibt es mittlerweile einige Modelle, die nicht mehr in das Ohr gesteckt, sondern am Ohr getragen werden. Dies wird über einen kleinen Bügel realisiert, den Sie hinter die Ohrmuschel schieben, um damit die Hörkapsel angenehm am jeweiligen Ohr zu fixieren. Dadurch sitzt der Hörer immer gut passend und ohne zu drücken direkt am Ohr, und Sie bekommen ein optimales Klangergebnis. Ähnlich wie bei einem großen Kopfhörer hören Sie auch wieder Bässe.

Tipp: Korrosion

Dass Jogger schwitzen, ist wirklich nichts Neues. Vor allem, wenn sie ihren Player beim Laufen in der Hand halten, wird es kritisch. Denn gerade die im Schweiß enthaltenen Salze können im Gerät Schäden anrichten. Besonders der Kopfhöreranschluss und die Fernbedienungsbuchse versagen oft durch Oxydation ihren Dienst. Deshalb sollten Sie Ihren Player in eine wasserdichte Hülle packen. Gut geeignet und preiswert sind die so genannten Ziptaschen, die es im Haushaltswarengeschäft und Versandhandel gibt.

Achtung: Kabelsalat

Wenn Sie das Hin-und-her-Gebaumel des Kabels beim Laufen stört, dann führen Sie doch einfach das Kopfhörerkabel durch ein oder zwei Sicherheitsnadeln, die an der Laufkleidung befestigt sind.

Darfs ein bisschen leiser sein?

Beim Musikhören mit Kopfhörer besteht die Gefahr, dass Sie zu laut abhören. Dies ist jedoch nicht ganz ungefährlich, da Sie damit Ihre Ohren schädigen und auch von den Umgebungsgeräuschen beim Laufen nichts mehr mitbekommen. Stellen Sie deshalb die Musik nur so laut ein, dass ein angenehmer Hörgenuss entsteht. Testen Sie sich: Hören Sie sich vor dem Laufen einen Song auf Ihrer Stereoanlage zu Hause an, stellen Sie die Lautstärke nur so laut, dass Sie die Musik gerade noch hören können. Nach dem Joggen hören Sie sich den gleichen Song nochmals an, ohne jedoch an Ihrer Anlage die Lautstärke zu verstellen. Wenn Sie jetzt Probleme haben, die Musik zu hören, war die Lautstärke beim Joggen zu laut eingestellt.

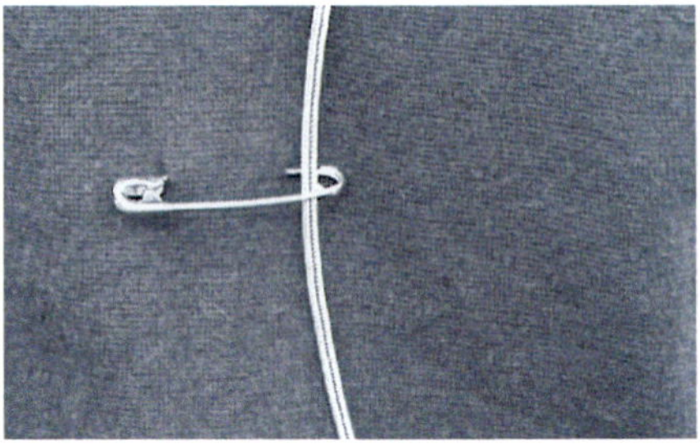

Eine Sicherheitsnadel fixiert das Kopfhörer-Kabel.

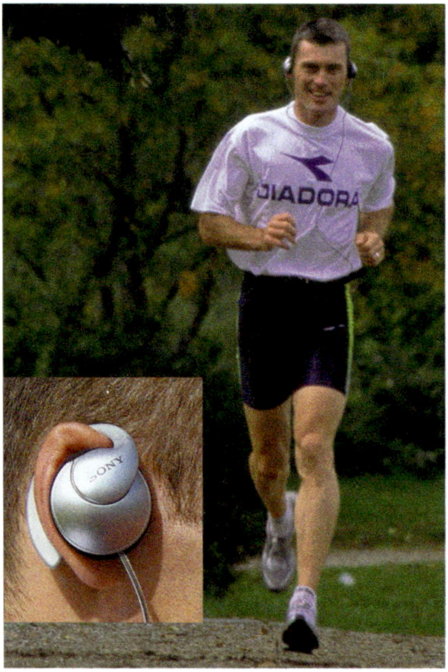

Gute Kopfhörer garantieren Ihnen einen ganz neuen Hörgenuss.

Extra-Tools – so kommt die Musik in Ihren Player

Für all diejenigen, die sich gerne aus der beiliegenden CD ein eigenes Trainingsprogramm auf einem Tonträger zusammenstellen möchten, gibt es mehrere Wege:
Wenn Sie ein Gerät mit Aufnahmemöglichkeit haben, wie es zum Beispiel manche Kassetten- oder MD-Player bieten, können Sie die Musik von Ihrem stationären CD-Player überspielen. Fast alle CD-Player haben eine Programm-Play-Funktion, die es Ihnen ermöglicht, die Trackreihenfolge bei der Überspielung selbst zu bestimmen. Damit lässt sich auf einfache Art die komplette Musik für ein Workout zusammenstellen.

Komfortables Überspielen am PC

Dasselbe geht natürlich auch mit einem Computer, der über ein CD-ROM-Laufwerk verfügt. Legen Sie die gewünschte CD in das CD-ROM-Laufwerk ein, schließen Sie Ihr Aufnahmegerät an den Audio-Ausgang der Soundkarte an und rufen Sie am PC die CD-Player-Anwendung auf.
Jetzt können Sie wieder die Trackreihenfolge auswählen und damit ein Trainingsprogramm zusammenstellen.

Alternativ haben Sie am Rechner die Möglichkeit, sofern ein CD-Brenner eingebaut ist, eine eigene Jogging-CD zu brennen. Dann sind Sie, wenn ein CD-Player Ihr »musikalischer Laufpartner« ist, auch unterwegs individuell versorgt. Je nach verwendetem Programm geht dies in der Regel recht einfach.
Sie speichern (»Rippen«) die gewünschten Songs von verschiedenen CDs nacheinander auf der Festplatte des PC, dann legen Sie in einer Trackliste die Reihenfolge neu fest. Danach brennen Sie sich davon eine CD und fertig ist die Musik für ein Workout oder einen Lauf.

Songs à la carte

Legen Sie sich doch eine Sammlung der besten Joggingsongs auf Festplatte an, dann haben Sie immer schnell Musik für eine neue Trainingseinheit parat.

MP3

Wenn Sie einen MP3-Player haben, müssen Sie die Musik zuerst im PC in das MP3-Format umwandeln, um sie danach als Datenfile auf den Player übertragen zu können.
Entsprechende Software liegt den MP3-Playern in der Regel bei.

Tipp: Drop-outs vermeiden

Speziell die CD- und MD-Player neigen gerne zu so genannten Drop-outs (kurzfristige Tonaussetzer). Diese entstehen, wenn das Abtastsystem durch das ständige Auf und Ab bei der Laufbewegung Probleme hat, die Daten von der CD oder MD zu lesen. Vor allem beim Bergablaufen tritt dies sehr häufig auf. Als kleinen Trick können Sie einmal Ihr Gerät in ein Stück Polyesterwatte oder Schaumstoff einpacken. Denn je strammer der Player in Ihrem Gig bag sitzt, desto weniger Drop-outs werden produziert.

Stromversorgung

Bitte wählen Sie Akkus zum Betrieb Ihres Players, denn auch Jogger sollten an die Umwelt denken und deshalb vorzugsweise wiederaufladbare Batterien verwenden.
Sollte Ihr Player nicht bereits mit einem aufladbaren Lithium-Akku geliefert werden, können Sie sich für wenig Geld (ab ca. 25 Euro) Akkus mit Ladegerät im Fachhandel kaufen. Hierbei sind die Nickel-Metallhydrid-Akkus gegenüber den NC-(Nickel-Cadmium)-Akkus zu bevorzugen.

Laufbekleidung und richtiges Schuhwerk

Im Sommer

Wenn Sie im Sommer bei Hitze laufen, ist die Kühlung des Körpers durch das Schwitzen besonders wichtig.
Dieser Schweiß muss möglichst gut abgeführt werden. Tragen Sie deshalb ein leichtes Synthetik-Laufshirt. Moderne Fasern nehmen praktisch keinen Schweiß auf und kleben nicht auf der Haut.
Achtung bei Sonne! Laufen Sie bitte unbedingt mit einer Kopfbedeckung.
Bei starkem Wind ist es sinnvoll, eine leichte Jacke zu tragen, damit Sie nicht auskühlen.

Im Winter

Mit der richtigen Kleidung werden Sie schnell feststellen, dass selbst bei winterlicher Kälte das Laufen Spaß machen kann.
Bei starker Kälte sollten Sie eine spezielle Winterhose tragen, die innen gefüttert ist, und unter der Funktionsjacke mit einem dünnen Fleece bekleidet sein. Tragen Sie Mütze und Handschuhe.
Wenn es draußen noch nicht so sehr kalt ist, können Sie mit einem Langarm-Shirt und einer langen Hose Ihr Lauftraining starten.
Bei Regen ziehen Sie sich am besten eine leichte Funktionsjacke über. Sehr gut eignen sich Jacken mit heraustrennbaren Ärmeln.

Geeignete Schuhe

Die ersten Läufer waren zwar noch barfuß unterwegs, aber heutzutage gewinnt die richtige Wahl der Laufschuhe eine immer wichtigere Bedeutung.
Wenn Sie mit einem Paar Schuhe 500 bis 1000 Kilometer gelaufen sind, nimmt die Dämpfungsfähigkeit ab, und Sie sollten sich ein neues Paar kaufen. Warten Sie nicht zu lange mit dem Nachkauf: Besser ist es, wenn Sie die »Neuen« rechtzeitig einlaufen. Starten Sie nie bei einem Wettbewerb mit ganz neuen Schuhen!

Sorgfältige Auswahl

Nehmen Sie sich beim Schuhkauf Zeit, gehen Sie am besten nachmittags ins Schuhgeschäft, denn dann sind Ihre Füße etwas dicker. Legen Sie beim Testen die erste Priorität auf optimale Bequemlichkeit und guten Sitz. Das Aussehen sollte zweitrangig sein.
Achten Sie darauf, dass die Zehen genügend Platz nach vorne haben.
Testen Sie die Schuhe auf dem Laufband und nehmen Sie Ihre alten Schuhe mit. An deren Ablaufbild kann der Fachverkäufer erkennen, welche Schuhe für Sie geeignet sind.

Pronation/Supination: Was ist das?

Pronation ist das so genannte Abknicken des Fußes nach innen. Sehr viele Läufer neigen zur Pronation, da sie in ihrer Laufbewegung überwiegend mit der Ferse aufsetzen (Bild 1). Man erkennt einen Pronierer leicht an einer abgelaufenen Hintersohle. Mit einer Pronationsstütze kann einer Überpronation entgegengewirkt werden. Eine ausführliche Laufanalyse ist jedoch sinnvoll. In vielen Fällen ist dem Läufer bereits mit einer symmetrisch aufgebauten Zwischensohle beziehungsweise einem Fersenstabilisator geholfen.

Supination ist die Belastung auf dem äußeren Fußrand (Bild 2). Diese weitaus seltener anzutreffende Eigenschaft entsteht bei Läufern, die mehr auf dem Vorderfuß aufsetzen und deren Fuß nach außen wegknickt.
Wenn der Fuß zu einer Außendrehung während des Aufsetzens neigt, sollte ein fester Schuh mit stabiler Fersenkappe gewählt werden.

Wettkampf- oder Trainingsschuh?

Nicht jeder Schuh eignet sich für jeden Einsatzzweck. Laufanfänger kaufen am besten einen guten Allroundschuh, der nicht zu leicht aufgebaut ist, sondern gute Stabilität und sicheren Halt bietet.
Für denjenigen, der regelmäßig viel läuft, lohnt es sich auf jeden Fall, eine Auswahl von Schuhen für die entsprechenden Anforderungen zu besitzen.
Beim Training auf Asphalt sind Schuhe mit guter innerer Dämpfung und weicher Zwischensohle sinnvoll. In schwerem Gelände, auf Waldboden und beim Wintertraining benötigen Sie einen stabilen und nicht zu leichten Schuh mit einer griffigen Sohle und robustem Obermaterial.
Beim Wettbewerb spielt das Schuhgewicht eine große Rolle. Um schnell angreifen und durchspurten zu können, wählen Sie am besten ein Paar leichte Rennschuhe.

Die passenden Socken

Gönnen Sie Ihren Füßen ein Paar gute Laufsocken. Sie werden sich wundern, wie viel angenehmer Sie Ihre Laufbewegung ausführen können. Heute gibt es moderne Textilien, welche den Schweißtransport fördern.

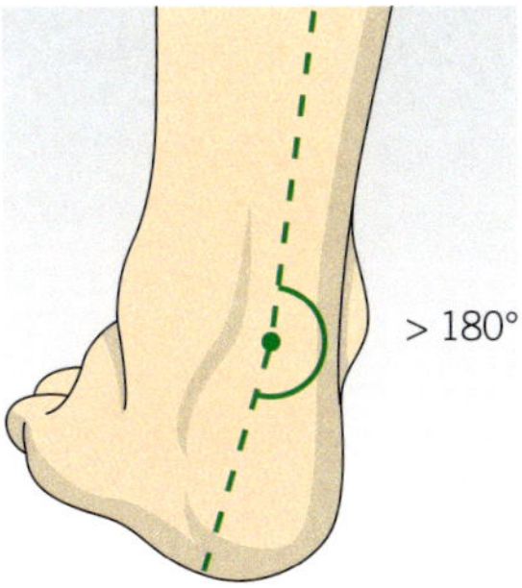

verstärkte Pronation

Bild 1

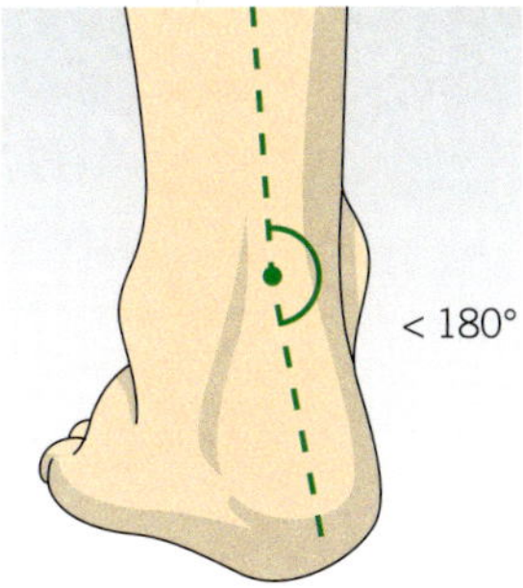

verstärkte Supination

Bild 2

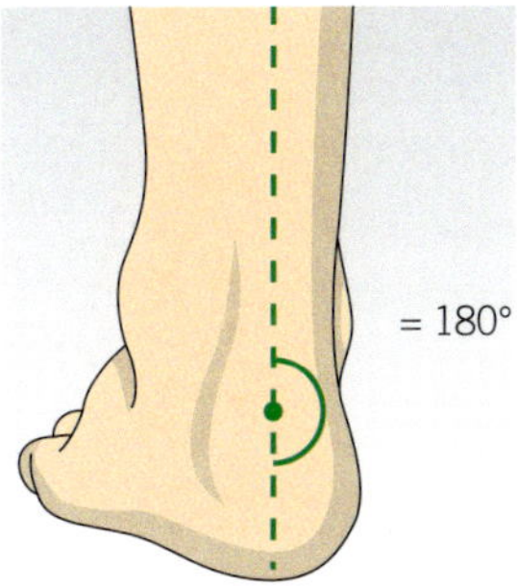

normale Fußstellung

Bild 3

Trainingsbeispiele

Die Gestaltung des Lauftrainings

Im ersten Kapitel haben Sie erfahren, welche verschiedenen Formen von Trainingsläufen es gibt, zum Beispiel den Tempo-Dauerlauf und den Regenerationslauf. In diesem Kapitel wollen wir Ihnen zeigen, wie Sie darauf aufbauend einzelne Trainings-Bausteine zu einem kompletten »Jogging-Workout« zusammenfügen können.

Lauftraining planen

Natürlich können Sie einfach nur nach Lust und Laune laufen, doch für einen optimalen Trainingserfolg sollten Sie Ihr Lauftraining planen. Durch die richtige Zusammenstellung und zeitliche Einteilung (Periodisierung) Ihrer Trainingseinheiten können Sie ganz gezielt und langsam Ihre Kondition aufbauen und somit Ihre Fitness dauerhaft stabilisieren.

Ziele setzen

Als Laufanfänger sollten Sie nicht schon nach zwei Wochen an einen Halbmarathon denken. So etwas würde Ihnen das Laufen unendlich erschweren. Denken Sie besser in kleinen »Schritten«, an ein nahe liegendes und damit erreichbares Ziel. Bei einem Laufanfänger wäre das zum Beispiel, zehn Minuten ohne Pause durchlaufen zu können. Auch dies ist sicher schon eine gute Leistung. Lassen Sie Ihrem Körper Zeit für den konditionellen Aufbau. Er wird es Ihnen mit guten Trainingsergebnissen danken – und ein Erfolgserlebnis ist sicher!

Basiswerte bestimmen

Ausgangsbasis für die Gestaltung eines individuellen Lauftrainings ist die gute Kenntnis der eigenen Leistungsfähigkeit. Zur Bestimmung Ihres Ausgangsniveaus können Sie bei einem sportmedizinischen Dienst einen Leistungstest durchführen lassen. Sich testen zu lassen ist nicht nur den Spitzenathleten vorbehalten, sondern gerade Hobbyläufer und Laufanfänger können von einem Facharzt sehr präzise Auskünfte bekommen, um entsprechend Ihrem Leistungsstand ein Lauftraining zu planen.

In den Lebensrhythmus integriert

Wichtig ist regelmäßiges Training. Dies muss nicht gleich heißen, dass Sie 80 Kilometer pro Woche laufen sollen. Selbst die kleinste Regelmäßigkeit bringt Ihnen Erfolg. Sie müssen sich selbst einen zeitlichen Rahmen setzen, zum Beispiel »am Dienstag und Donnerstag laufe ich eine halbe Stunde und am Samstag schaffe ich eine gemütliche 10-Kilometer-Runde«. Ganz wichtig ist: Integrieren Sie Ihr

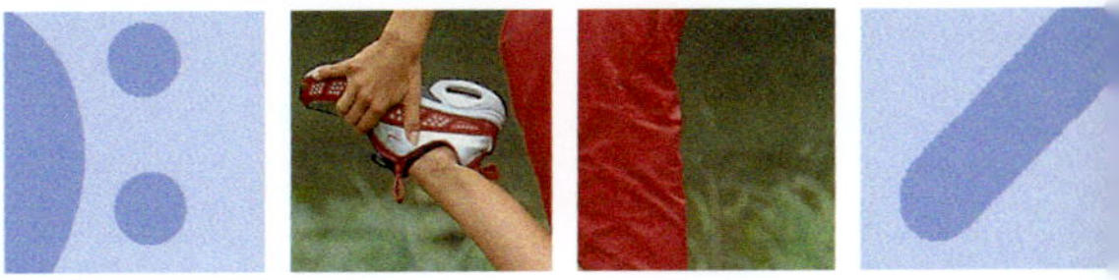

Lauftraining sinnvoll in Ihren Wochenrhythmus.
Doch denken Sie daran: Vermeiden Sie Laufstress. Ihr Lauftraining sollte keine Hetze sein. Nehmen Sie sich wirklich Zeit. »Timen« Sie Ihr Lauftraining großzügig, so dass auch Zeit zur Erholung und Regeneration bleibt. Organisieren Sie Ihr Laufumfeld (Familie, Lebenspartner etc.) so, dass dieses Ihre sportlichen Aktivitäten akzeptiert. Sie können sich Ihr Hobby durch eine gute Vorausplanung einfach leichter ermöglichen. Dann macht Laufen auch so richtig Spaß!

Trainingsumfang festlegen

Als Laufanfänger sollten Sie ca. zwei- bis dreimal pro Woche in kleinen Einheiten anfangen, also etwa 10 Minuten bis zu einer halben Stunde trainieren.
Nach ungefähr zwei bis drei Monaten können Sie mit diesem Trainingsumfang locker 30 Minuten ohne Pause durchjoggen. Wenn Sie diese Trainingsphase hinter sich haben und Ihr Ziel die Erhaltung oder Verbesserung der Gesundheit ist, können Sie – und dies belegt unter anderem auch eine Studie der Universität Freiburg – bei einem Trainingsumfang von dreimal pro Woche à 30 bis 40 Minuten Ihr Laufpensum locker weiterbetreiben. Dies reicht für eine gute Grundkondition völlig aus und Sie vermeiden damit eine überproportionale Belastung und Abnutzung Ihres Gelenkapparates.
In der nächsten Trainingsstufe (fortgeschrittene Hobbyläufer) steigern Sie Ihr Lauftraining auf drei bis fünf Trainingseinheiten pro Woche. Sie dürfen die zeitliche Länge des Lauftrainings gerne auf 60 Minuten oder mehr pro Einheit ausdehnen. Damit ist der 10-Kilometer-Volkslauf für Sie in eine realistische Nähe gerückt – vorausgesetzt, das ist für Sie ein erstrebenswertes Ziel. Wenn Sie an so einem Ereignis teilnehmen, werden Sie spüren, was es für ein tolles Gefühl ist, zum Beispiel bei einem Stadtlauf mit vielen anderen Sportlern zu laufen. Sie werden getragen vom Publikum, das Ihnen von der Seite zujubelt. Das motiviert!!!
Auf diesem Niveau aufbauend können Sie sich für verschiedene Wege und weitere Ziele entscheiden. Zum einen lockt natürlich (und das zu Recht) die Königsdisziplin der Läufer, der Marathon, mit seinen 42,195 Kilometern. Vielleicht gehen Ihre Ambitionen und Ihr Ehrgeiz mehr in Richtung höhere Geschwindigkeit, um bei Wettkämpfen ganz vorne mitmischen zu können.
In diesem Trainingsbereich können Sie allerdings schon von Leistungssport sprechen, denn der Trainingsumfang von fünf bis acht Trainingseinheiten stellt eine Größe dar, die in der Wochenplanung sehr gut untergebracht sein will.

Mit Superkompensation zur Bestform

Ihr Trainingsumfang sollte sich vor allem nach Ihrer körperlichen Verfassung richten. Nach einer anstrengenden Trainingseinheit braucht der Körper immer eine gewisse Zeit, um seine Energiespei-

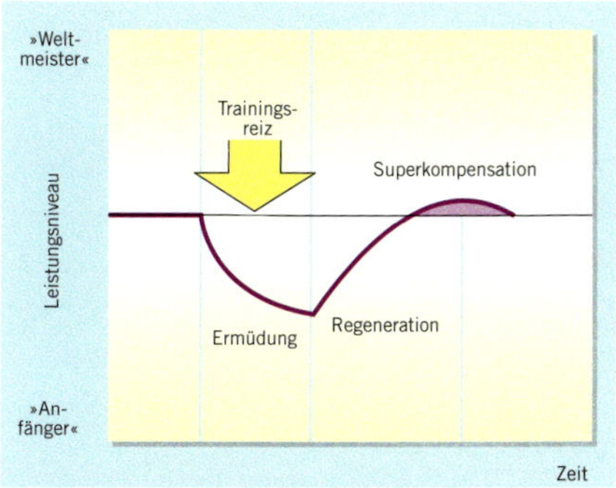

Superkompensation: theoretischer Verlauf der Regeneration nach einer Belastung

cher aufzuladen und Defizite auszugleichen. In dieser Erholungsphase wird immer etwas »überregeneriert«, das bedeutet, dass der Organismus versucht, sich auf eine höhere Nachfolgebelastung vorzubereiten. Dieser Vorgang – man nennt ihn Superkompensation – dauert je nach Umfang des Trainings ca. ein bis drei Tage. Während dieser Regenerationsphase steigt Ihr Leistungsniveau wieder langsam an. Nach abgeschlossener Regeneration stellt sich in der Regel ein höheres Leistungsniveau ein – und genau in dieser Phase sollten Sie Ihren nächsten, etwas gesteigerten Belastungsreiz setzen. So gelangen Sie langsam und zielgerecht zu Ihrem optimalen Trainingserfolg, Sie erreichen Ihre Bestform.

Das Training dokumentieren

Führen Sie ein Lauftagebuch! Insbesondere dann, wenn Sie regelmäßig trainieren, ist es ein treuer Begleiter, der Ihnen helfen wird, den Überblick über das »Zurückgelegte« zu behalten. Es ist außerdem eine schöne Erinnerung, wenn Sie am Ende der Laufsaison nochmals Ihr »Läuferjahr« für sich Revue passieren lassen können.
Neben dem rein emotionalen Motivationsaspekt gibt es auch Auskunft über Ihre konditionellen Fortschritte.
In der Spalte »Training« tragen Sie die Trainingsart ein, zum Beispiel Tempo-Dauerlauf oder Fahrtspiel. Daneben ist Platz für die zurückgelegten Kilometer.
In der Rubrik »Dauer« vermerken Sie die

Tag	Training	km	Dauer	Intensität	Puls/Gewicht	Kommentar
Mo						
Di						
Mi						
Do						
Fr						
Sa						
So						
Wochenbilanz						

Ein Lauftagebuch gibt einen Überblick über das absolvierte Training.

benötigte Zeit. Bei »Intensität« können Sie Bemerkungen zur Trainingsbelastung aufschreiben. In der Spalte »Puls/Gewicht« tragen Sie Ihren Ruhepuls und das aktuelle Gewicht ein. Den Ruhepuls sollten Sie morgens vor dem Aufstehen messen. Anhand seiner Veränderungen können Sie Änderungen Ihres Trainingszustandes erkennen. So lässt zum Beispiel ein sprunghafter Anstieg des Pulses auf eine aufkommende Infektion oder Überforderung schließen.
Ganz unten bei dem Begriff »Wochenbilanz« können Sie die Summe der gelaufenen Kilometer und einen »Wochenkommentar« notieren.

Mit der beiliegenden CD trainieren
Die Titel 2 bis 12 sind Songs zum Laufen, geordnet nach Schrittzahl.
Die Titel 2 und 3 eignen sich vor allem für Anfänger zum Warm-up.
Die Titel 11 und 12 sind Läufern mit sehr hoher Schrittfrequenz zu empfehlen.
Generell ist es von Vorteil, die eigene Schrittzahl (ISPM) zu kennen und dazu passend die entsprechenden Songs auszuwählen (siehe Seite 16f.).
Track 13 ist für eine Sprintübung, die Sie in Ihr Laufprogramm integrieren können. Track 14 ist die dazu passende Auslaufphase. Track 15 ist eine Pause zur Pulsbestimmung.

Aufbau einer Trainingseinheit

Eine Trainingseinheit kann aus einer Aufwärmphase (Warm-up) bestehen, gefolgt vom eigentlichen Leistungsteil (Running), und wird beendet mit einer Auslaufphase (Cool-down).

Laufen Sie sich langsam einige Minuten warm. Dies ist wichtig, damit sich Ihre Muskeln an die Belastung anpassen können. Wenn Sie mit einem Pulsmesser trainieren, ist dies bei maximal 70 % der maximalen Herzfrequenz (HFmax) der Fall. Wer möchte, kann Übungen zur Lockerung und Verbesserung der Koordination ausführen (Laufgymnastik).

Danach folgt das eigentliche Lauftraining. Je nach Trainingsart kann dies sein:
- Ein lockerer Dauerlauf (LDL) (70 bis 80 % HFmax)
- Ein Tempo-Dauerlauf (TDL) (80 bis 90 % HFmax)
- Ein Schwellenlauf (SL) (90 bis 95 % HFmax)
- Ein Fahrtspiel (FS) mit Sprints (S) oder ein langsamer Regenerationslauf (RGL) (bis 70 % HFmax).

Nach der Belastung sollten Sie locker auslaufen und danach einige Stretching-Übungen ausführen.

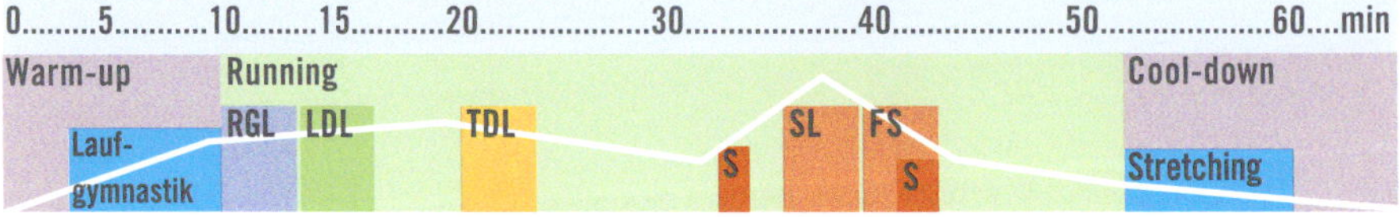

CD im Buch

1.	Intro		
2.	Kona Walk	130 SPM	1:00 min
3.	Wide open	135 SPM	5:00 min
4.	Beach Jogging	140 SPM	5:00 min
5.	Sunrise Jog	145 SPM	5:00 min
6.	Rockgroove	150 SPM	5:00 min
7.	Kinabalu Blue	155 SPM	5:00 min
8.	Jumpee I	160 SPM	5:00 min
9.	Kangoo Run	165 SPM	5:00 min
10.	Funkgroove I	170 SPM	5:00 min
11.	Jumpee II	175 SPM	5:00 min
12.	Funkgroove II	180 SPM	3:30 min
13.	Sprint		0:40 min
14.	Runout		0:23 min
15.	Heartcounter		0:30 min
16.	Silence		0:30 min
17.	Stretching		6:50 min
18.	Relaxing		11:00 min

Mit Track 16 können Sie eine kurze Geh- oder Trabpause realisieren.
Track 17 bietet Ihnen ein komplettes Stretching-Programm.
Track 18 stellt Übungen zur progressiven Muskelentspannung vor.

Warm-up

Das Lauf-Abc

Beginnen Sie die Übungen des Lauf-Abc möglichst aus folgender Ausgangsposition: Stellen Sie sich auf die Zehenspitzen, stehen Sie aufrecht und machen Sie sich »groß«. Bauen Sie Spannung auf und pressen Sie Ihre Po-Backen zusammen. Die Arme sollten im Ellenbogen ca. 90 Grad angewinkelt sein. Diese Stellung nennen wir Zehenstand. Dadurch entsteht eine positive Körperspannung, die Ihnen von Beginn an hilft, Fehlhaltungen zu vermeiden. Achten Sie bei der Ausführung der Übungen darauf, dass Sie den Blick nach vorne richten, und schauen Sie nicht zu oft auf Ihre Füße, denn diese machen mit etwas Übung ganz automatisch das Richtige! Alle Übungen sollten auf einem möglichst ebenen Untergrund ausgeführt werden, um unnötiges Umknicken zu vermeiden.

1. Dribblings oder Fußgelenk-Lauf

Durch Anwinkeln eines Beines starten Sie die Übung und bewegen sich mit kleinen Schritten nach vorne. Setzen Sie bei jedem Schritt den Fuß komplett auf (Ferse auf den Boden!) und heben Sie das Knie nicht zu hoch. Die Schrittlänge darf nicht zu groß sein. Achten Sie auch auf Ihre Arme, die aus dem Schultergelenk mit 90 Grad angewinkelt an der Hüfte entlang vorbeipendeln.
Häufige Fehler: Zu große Schritte; Arme schwingen nicht optimal mit; Kniehub zu groß.

2. Skippings oder Kniehebe-Lauf

Heben Sie Ihre Knie abwechselnd in Richtung Brust. Achten Sie darauf, dass der Winkel in der Hüfte nicht kleiner als 90 Grad wird. Es geht nicht darum, die Knie möglichst weit nach oben zur Brust zu bringen. Laufen Sie nur auf dem Vorderfuß und machen Sie Ihre Schritte nicht

Von links nach rechts: Dribblings, Skippings und Kniehebelauf

zu lang. Die Arme sollten bewusst mitgeschwungen werden. Spannen Sie Ihre Bauchmuskulatur an, damit Sie nicht mit dem Oberkörper nach hinten fallen.
Häufige Fehler: Kniehub zu hoch; keine Körperspannung, dadurch kommt es zu einer »Sitzhaltung«; der Oberkörper kippt durch fehlende Spannung in der Bauchmuskulatur nach hinten; die Arme schwingen nicht optimal mit; Schrittlänge zu groß.

3. Anfersen

Ziehen Sie die Ferse in Richtung Gesäß. Versuchen Sie, möglichst aufrecht zu bleiben und mit dem Oberkörper nicht nach vorne zu fallen. Auch bei dieser Übung sollten die Arme bewusst mitgeschwungen werden. Die Fersen sollten die Pobacken berühren und aktiv in Richtung Boden gestreckt werden.
Häufige Fehler: Ferse kommt nicht bis zum Gesäß; Beinabsenken geschieht nicht aktiv; Oberkörper kippt nach vorne; Arme schwingen nicht optimal mit.

4. Hüft-Twist

Gehen Sie aus dem Zehenstand in einen lockeren Trab über. Richten Sie einen Arm inklusive Schulter nach vorne. Das Becken steht in Laufrichtung. Jetzt beginnen Sie seitlich zu laufen und über-

Hüft-Twist und Hüft-Beuge

kreuzen dabei jeweils die Beine. Dadurch entsteht eine Drehbewegung in der Hüfte. Wechseln Sie mehrfach die Seite.
Häufige Fehler: Hüfte zu steif und zu wenig Rotation.

5. Hüft-Beuge
Laufen Sie mit kleinen Schritten und beugen Sie sich abwechselnd mit beiden Armen zur linken und zur rechten Seite. Versuchen Sie während der Beuge-Bewegung mit kleinen Schritten weiterzulaufen. Führen Sie die Hüft-Beuge auf jeder Seite acht- bis zwölfmal aus.
Häufige Fehler: Stoppen der Laufbewegung beim Abbeugen; zu große Schritte.

Lauftraining für Anfänger

Auch wenn Sie noch nie gelaufen sind, keine Bange! Sie werden es schaffen! Mit etwas Geduld und ein wenig Ausdauer können Sie in ca. acht bis zwölf Wochen locker 30 Minuten ohne Pause durchjoggen. Ganz wichtig für Sie als Anfänger: Wenn Sie noch keine Lauferfahrung haben oder gesundheitlich nicht bzw. nur mit Einschränkungen belastbar sind, fragen Sie besser einen Arzt, inwiefern ein Training möglich ist. Auf jeden Fall sollten Sie behutsam mit Ihrem Lauftraining starten. Am Anfang müssen Sie besonders auf

Ihren Körper hören. Rennen Sie nicht einfach los, denn sonst sind Sie bereits nach wenigen Minuten erschöpft.
Beginnen Sie mit kleinen, kurzen Einheiten und steigern Sie von Trainingseinheit zu Trainingseinheit langsam Ihr Laufpensum.

Und los gehts

Starten Sie Ihr erstes Lauftraining mit gemütlichem Walking. Dieses darf gerne fünf Minuten oder länger dauern. Wichtig ist hierbei, dass Sie nicht aus der Puste kommen, sondern in einen stabilen Laufzustand »hineingehen«. Gut wäre es, wenn Sie sich ohne Mühe nebenbei mit Ihrem Laufpartner unterhalten könnten. Dann ist Ihre Atmung automatisch im Normbereich. Mit einem Pulsmesser ausgerüstet, wären dies maximal 70 Prozent Ihres Maximalpulses.
Wenn Sie dabei spüren, dass Ihnen diese Belastung nicht schwer fällt, können Sie problemlos mit einem leichten Intervall-Training fortfahren.

Intervalle für Anfänger

Am Anfang Ihrer »Läuferkarriere« müssen Sie sich langsam an das »Dauer-Laufen« herantasten. Am einfachsten geht das, wenn Sie kurze Laufabschnitte mit Gehpausen ergänzen. Dadurch erhält der Körper immer wieder die Möglichkeit, sich kurzfristig zu erholen.
Mit der Zeit versuchen Sie, die Gehpausen immer kleiner werden zu lassen, bis Sie schließlich die Gehpausen ganz weglassen. Dabei spielt Ihre Laufgeschwindigkeit keine Rolle. Viel wichtiger ist, dass Sie Ihren kontinuierlichen Dauerlauf-Rhythmus finden.
Am Ende des Lauftrainings sollten Sie gemütlich Walken, um den Puls und Ihren Körper wieder langsam aus der Belastung zu entlassen. Wer möchte, kann dann

Beispiel 1: Start-up-Training für die ersten 4 Wochen

Warm-up und Cool-down, lockeres Walken bei bis zu 70 % HFmax
Musik: CD, Track 2 und 3

Lockerer Dauerlauf: 70 bis 80 % HFmax, 10 bis ca. 30 min Gesamtdauer, in der ersten Woche 1 bis 2 min, danach bis zu 4 min Intervall-Länge steigern.
Musik: CD, Track 4 bis 10, wählen Sie Titel, die zu Ihrer Schrittzahl (ISPM) passen.

Gehpause: 1 min,
Musik: CD, Track 16

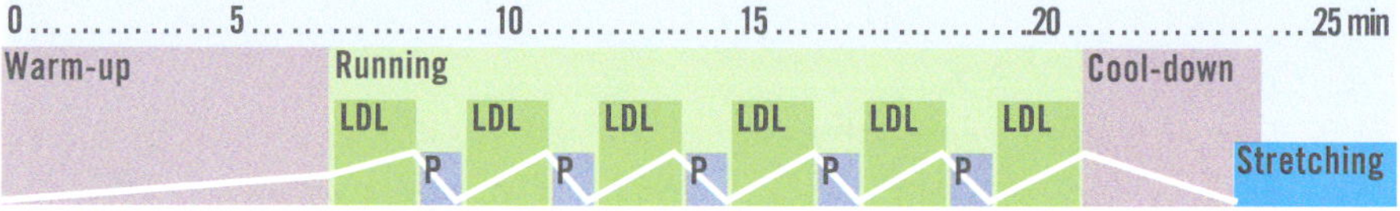

noch ein Stretching-Programm ausführen (siehe S. 52 bis 55).

Wie viel Training?

In der Regel sollten Sie zwei- bis dreimal in der Woche eine Trainingseinheit von bis zu 30 Minuten einplanen. Achten Sie auf die gleichmäßige Verteilung der Einheiten. Dienstag, Donnerstag und Samstag wäre zum Beispiel eine gute Aufteilung, damit Sie dazwischen immer mindestens einen Tag Erholungspause haben.

Jogging mit Musik

Mit der richtigen Musik fällt Ihnen der Einstieg in das Lauftraining viel leichter. Speziell Laufanfänger können durch den durchgehenden »Groove«, den gleichmäßigen, vorwärts drängenden Schlag, schneller zu einem harmonischen Laufstil finden. Die Beispiele 1 und 2 zeigen Ihnen, wie Sie mit den Songs aus der beiliegenden

Die Morgen- und Abendstunden eignen sich im Sommer am besten für ein Lauftraining.

Beispiel 2: Aufbautraining 5. bis 12. Woche

Warm-up und Cool-down: lockeres Walken bei ca. 70 % HFmax
Musik: CD, Track 2 und 3

Lockerer Dauerlauf: 70 bis 80 % HFmax, bis ca. 30 min Gesamtdauer, in der fünften bis achten Woche 5 bis 7 min, danach bis zu 15 min Intervall-Länge steigern. In der 10. bis 12. Woche Gehpausen weglassen
Musik: CD, Track 4 bis 10, wählen Sie Titel, die zu Ihrer Schrittzahl (ISPM) passen.

Gehpause: 1 min,
Musik: CD, Track 16

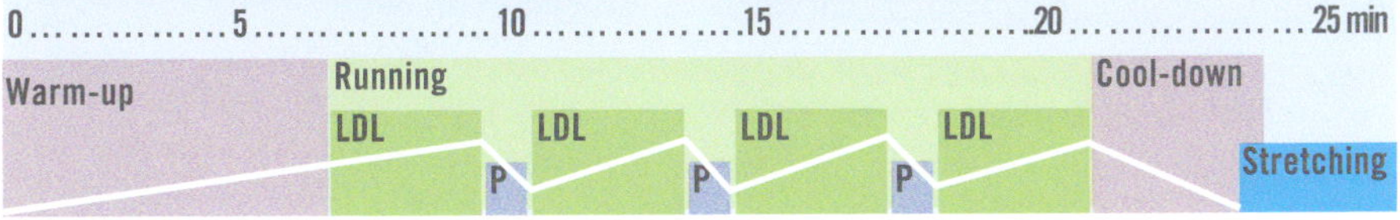

CD Ihr Trainingsprogramm ergänzen können. In der Songdatenbank (S. 58–64) finden Sie weitere Musik-Tipps.

Lauftraining
für Fortgeschrittene

Für die nachfolgenden Trainingsbeispiele sollten Sie schon über etwas Lauferfahrung verfügen. Gut wäre es, wenn Sie das Einstiegstraining erfolgreich abgeschlossen haben und in der Lage sind, 30 Minuten ohne Pause zu joggen.
Nun geht es darum, erfolgreich einen 10-Kilometer-Lauf »durchzustehen« und die Grundschnelligkeit zu verbessern. Um diese Ziele zu erreichen, sollten Sie drei- bis viermal pro Woche zwischen 30 bis 60 Minuten pro Laufeinheit trainieren.

Sie verbessern bei dem Training gleichermaßen die aerobe und die anaerobe Ausdauerbelastbarkeit.

Beispiel 3 dient zur Vorbereitung auf eine im Allgemeinen sehr beliebte Distanz, den 10-Kilometer-Stadtlauf/Volkslauf.
Laufen Sie sich 10 Minuten warm, danach gehen Sie über in einen 20-minütigen lockeren Dauerlauf mit leichter Steigerung von 70 auf 80 % HFmax.
Nun kommt ein Tempo-Dauerlauf mit 90 % HFmax zur Verbesserung der Grundschnelligkeit. Danach können Sie sich in einem 10-minütigen lockeren Dauerlauf auslaufen.
Wenn Sie sich nach einigen Wochen an die Distanz gewöhnt haben, sollten Sie das Training langsam auf ca. eine Stunde ausdehnen und vielleicht noch einen zweiten, kurzen Tempo-Dauerlauf einbauen.

Beispiel 3: Training für Volkslauf/Stadtlauf

Warm-up und Cool-down: lockeres Warmlaufen/Auslaufen im Regenerationslauftempo bei einer Herzfrequenz bis zu 70 % HFmax
Musik: CD, Track 4 bis 10, wählen Sie Titel, deren Rhythmus etwas unterhalb Ihrer normalen Schrittzahl (ISPM) liegt.

Lockerer Dauerlauf: 70 bis 80 % HFmax, Musik: CD, Track 4 bis 10, wählen Sie Titel, die zu Ihrer Schrittzahl (ISPM) passen.

Tempo-Dauerlauf: 80 bis 90 % HFmax Musik: CD, Track 6 bis 12, wählen Sie Titel, deren Rhythmus etwas über Ihrer Schrittzahl (ISPM) liegt.

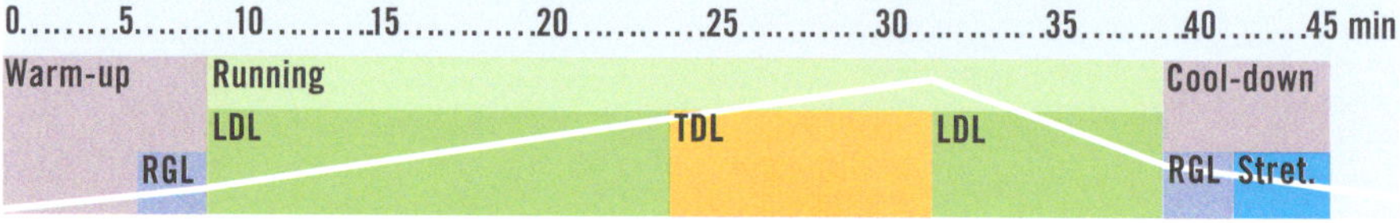

Marathon Frankfurt 2000

Mit diesem Training sind Sie bald fit für Ihren ersten Volkslauf!

Beispiel 4 richtet sich an alle, die ihre Grundschnelligkeit verbessern möchten. Sie starten wieder mit lockerem Warmlaufen. Um die nachfolgenden Sprints besser umsetzen zu können, wäre es gut, wenn Sie in der Aufwärmphase das Lauf-Abc absolvieren. Dadurch werden Ihre Muskeln gut auf die Belastung vorbereitet und Sie senken das Verletzungsrisiko.

Beispiel 4: Intervalltraining mit Steigerungsläufen für ambitionierte Läufer

(für Anfänger nicht zu empfehlen)

Warm-up und Cool-down: lockeres Warmlaufen/Auslaufen im Regenerationslauftempo bei einer Herzfrequenz bis zu 70 % HFmax.
Musik: CD, Track 4 bis 10, wählen Sie Titel, deren Rhythmus etwas unterhalb Ihrer normalen Schrittzahl (ISPM) liegt.

Lockerer Dauerlauf: 70 bis 80 % HFmax, Musik: CD, Track 4 bis 10, wählen Sie Titel, die zu Ihrer Schrittzahl (ISPM) passen.

Trabpause: CD, Track 14

Tempo-Dauerlauf: 80 bis 90 % HFmax
Musik: CD, Track 6 bis 12, wählen Sie Titel, deren Rhythmus etwas über Ihrer Schrittzahl (ISPM) liegt.

Sprint: 90 bis 95 % HFmax
Musik: CD, Track 13

Danach folgen vier Sequenzen aus lockerem Dauerlauf/Tempo-Dauerlauf, die durch drei kurze Sprints ergänzt werden. Zwischen den einzelnen Laufeinheiten können Sie sich eine Trabpause gönnen (CD, Track 16).
Kurz nach Beendigung des letzten Sprints wird sich Ihr Puls recht nahe an Ihrer maximalen Herzfrequenz bewegen.
Im Anschluss daran sollten Sie gemütlich auslaufen und zum Schluss ein Stretching-Programm durchführen.

Trainingsplan für Langdistanz und Fatburning

Gesundheit, Gewichtsoptimierung und Ausdauer stehen im Vordergrund dieser Trainingseinheit. Sie trainieren vor allem bei langen, ausgedehnten Läufen die Ausdauer

Tipp: Verpflegung

Nehmen Sie sich bei langen Läufen ausreichend Flüssigkeit und evtl. einen Energieriegel mit. Beides zusammen passt gut in einen Tragegurt.

Ihres Kreislaufes und das Durchhaltevermögen. Sozusagen »nebenbei« bauen Sie Ihre (überflüssigen) Fettdepots ab und tun damit gleichzeitig auch etwas Gutes für Ihren Stoffwechsel.
Ein langer Lauf dauert in der Regel mindestens 30 Minuten (Anfänger) und kann bis zu mehreren Stunden ausgedehnt werden. Nehmen Sie sich bitte für dieses Training immer genügend Zeit. Gut geeignet sind zum Beispiel die Abendstunden im Sommer oder am Wochenende. Dann können Sie langsam genug laufen, also ganz ohne Stress – und das tut Ihnen

Beispiel 5: Langer Dauerlauf

Warm-up und Cool-down: lockeres Warmlaufen/Auslaufen im Regenerationslauftempo bei einer Herzfrequenz bis zu 70 % HFmax
Musik: CD, Track 4 bis 10, wählen Sie Titel, deren Rhythmus etwas unterhalb Ihrer normalen Schrittzahl (ISPM) liegt.

Lockerer Dauerlauf: 70 bis 80 % HFmax, Musik: CD, Track 4 bis 10, wählen Sie Titel, die zu Ihrer Schrittzahl (ISPM) passen.

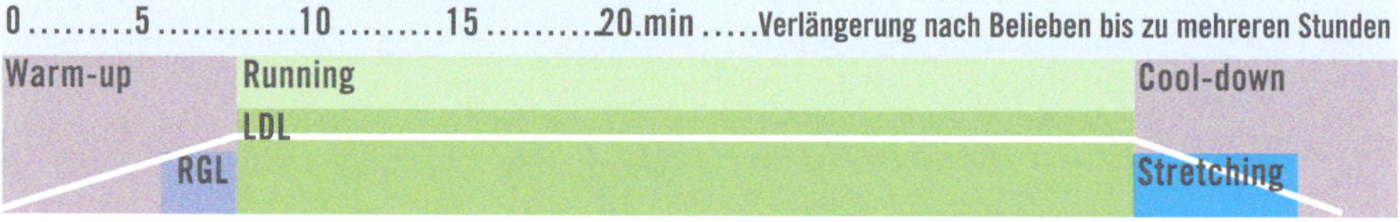

Sie laufen und laufen ..., die Gedanken schweifen ab und neue Ideen kommen.

richtig gut! Gerade bei langen Läufen (mehr als zwei Stunden) werden Sie erleben, wie Körper und Geist zu einer einzigartigen Harmonie verschmelzen, Gedanken abschweifen und neue Ideen entstehen. Sie laufen und laufen ...
Wenn Sie einen Pulsmesser besitzen, sollten Sie im Bereich von 70 bis 80 % HFmax trainieren.

Dies ist wichtig, damit die Energiegewinnung unter Verwendung von Sauerstoff erfolgt und Sie damit einen großen Teil der Bewegungsenergie für Ihre Muskeln durch Fettverbrennung aufbringen. Das lässt Sie lange durchhalten und nebenbei auch Gewicht abbauen.

Auf zum Marathon?

Für viele ist es das Ziel, einen Marathon durchzustehen. Vielleicht träumen Sie ja auch davon, einmal beim New-York-, Berlin- oder Boston-Marathon zu starten. Damit Sie auch ankommen, sollten Sie einige Dinge beachten. Ein Marathonlauf ist für jeden Läufer eine extreme Beanspruchung. Deshalb ist es, ganz im Gegensatz zu einem 10-Kilometer-Lauf, den der eine oder andere mal so aus dem »Stand« läuft, sehr wichtig, sich richtig und vor allem langfristig vorzubereiten. Das heißt: Vor diesem großen Ereignis sollten Sie sich mit Hilfe von fachlicher Beratung einen ausführlichen Trainingsplan zusammenstellen.
In der Regel fängt man bereits Wochen bzw. Monate vor dem Wettbewerb mit dem Aufbautraining an. Eine wichtige Einheit beim Marathon-Training sind ausgedehnte Dauerläufe mit niedriger Belastung über Distanzen bis zu 30 Kilometern und mehr.

Sie beginnen mit einem Regenerationslauf zum Aufwärmen der Muskeln und gehen dann übergangslos in einen lockeren Dauerlauf über.
Im Dauerlauf-Tempo laufen Sie zwischen einer und mehreren Stunden. Im Anschluss daran folgen sinnvollerweise einige Stretching-Übungen, damit Ihre Muskeln nicht verhärten.

Musikhören bei langen Läufen
Um den meditativen Charakter bei langen Läufen zu unterstützen, kann es sinnvoll sein, die Musik nur am Anfang der Trainingseinheit einzusetzen. Sie können auch die Lautstärke der Musik entsprechend so weit absenken, dass Sie genügend »Raum« für eigene Gedanken bekommen, ohne durch störende Klänge abgelenkt zu werden.
Für lange Strecken eignen sich Songs wie zum Beispiel »Tubular Bells« von Mike Oldfield oder andere Stücke mit langem musikalischem Spannungsbogen.

Tipp: Kleidung etc.

Auch im Fitness-Studio sollten Sie auf die richtige Kleidung achten. Dazu gehören für Laufband, Stepper und Crosstraining Joggingschuhe mit guter Dämpfung und Laufkleidung, wie Sie üblicherweise im Freien für das Sommertraining verwendet wird (kurzärmeliges Synthetik-Laufshirt und evtl. kurze Hose).
Vergessen Sie nicht das »obligatorische« Frotteehandtuch zum Schweißabwischen. Vielleicht denken Sie sogar noch an eine Wasserflasche, gegen den Durst während des Trainings und nach der Belastung.

Studiotraining – Laufband, Stepper, Crosstrainer

Training im Studio ist für den normalerweise im Freien anzutreffenden Läufer eine immer öfter genutzte Alternative. Vor allem im Winter, wenn es relativ früh draußen dunkel wird, oder auch im Hochsommer, wenn die Temperaturen sehr hoch werden, bietet die angenehme Atmosphäre im Fitness-Studio ein einladendes Trainingsumfeld. Nicht zuletzt auch durch die technisch ausgereiften Trainingsgeräte wie Laufband, Crosstrainer und Stepper kann im Studio ein sehr effektives Ergänzungstraining betrieben werden.

Laufband
Das Laufband ist eine echte »Laufmaschine«, auf der Sie sich (wenn Sie möchten) auch so richtig »auspowern« können.
Es besteht aus einer rollierenden Gummimatte, auf der Sie laufen, und einer entsprechenden Antriebsmechanik mit Steuerungscomputer.
Am Display können Sie die Parameter Laufgeschwindigkeit, Steigung und Trainingszeit einstellen. Gute Geräte bieten sogar eine Programmauswahl für unterschiedliche Trainingsziele wie Ausdauer, Fettverbrennung oder auch Intervalltraining.
Laufbänder haben eine gute Federung. So ist im Gegensatz zum Laufen auf Asphalt und anderen harten Laufuntergründen ein gelenkschonenderes Training möglich.
Vor Beginn des Trainings sollten Sie sich mit dem Gerät und dessen Display vertraut machen und evtl. Rücksprache mit dem Trainerpersonal halten. Lassen Sie sich, um Unfälle zu vermeiden, das Lauf-

band ausführlich erklären. Jedes Laufband hat immer einen Notstopp-Button, der das Band sofort anhält, wenn Probleme auftauchen sollten.

Geschwindigkeit
Sie ist die wichtigste Einstellgröße am Laufband und gibt an, wie schnell sich das Laufband bewegt. Sie starten das Training in der Regel mit sechs Kilometer pro Stunde (Walking) und stellen dann die Geschwindigkeit langsam in mehreren Stufen höher, bis Sie die gewünschte Belastungssituation erreicht haben. Verwenden Sie zur Pulskontrolle Ihren eigenen Pulsmesser, da die Anzeige an den Geräten oftmals recht ungenau ist.

Das Training auf dem Laufband ist vor allem bei schlechtem Wetter eine geeignete Alternative.

Höhenverstellung
Wenn Sie hier Steigungswerte eingeben, wird das Laufband vorne leicht angehoben. Das Verstellen der Höhe bewirkt eine Intensitätssteigerung bei gleich bleibender Laufgeschwindigkeit.

Trainingszeit/Gewicht/Kalorienverbrauch
Bei einigen Geräten können Sie die gewünschte Trainingszeit eingeben. Wenn Sie dann dem Computer noch Ihr Gewicht verraten, wird sogar der Kalorienverbrauch ausgerechnet.

Die passende Musik
Bringen Sie sich doch Ihre eigene Musik zum Training mit. Gute Songs, passend zu Ihrem Laufrhythmus, helfen Ihnen locker über die ganze Trainingssession. Die Schrittzahlen entsprechen denen des Freilufttrainings, also Songs von 130 bis 180 BPM.

Stepper

Beim Stepper üben Sie sich im »Treppensteigen«. Das ist gut für Ihre Oberschenkel und verbessert vor allem die Kraftausdauer Ihres Bewegungsapparates. Der Stepper besteht aus zwei Gummi-Pedalen, die abwechselnd nach unten getreten werden. Es entsteht ein Bewegungsablauf wie beim Treppenlaufen, jedoch mit dem Vorteil, dass Sie selbst durch Ihre Bewegung die »Höhe« der »Treppen« bestimmen können. Damit sind Sie frei für einen harmonischen Bewegungsablauf.

Das Treppensteigen mit dem Stepper schont die Gelenke.

Zum Start müssen Sie das Gerät aktivieren, indem Sie eines der Pedale ganz nach unten durchtreten, dann mit dem anderen Bein nachziehen und langsam in eine Steigebewegung übergehen.
Wichtig: Kleine, kurze Steps mit schnellen Wechseln sind optimal.
Achten Sie außerdem auf eine aufrechte und gerade Haltung auf dem Stepper. Die Bewegung der Beine soll gerade sein, kein Einknicken der Knie nach rechts oder links. Hüpfen oder schnelle, sehr kleine Bewegungen belasten etwas mehr die Wadenmuskulatur und die Achillessehne. Die Ferse sollte deshalb beim Training immer auf dem Pedalgummi aufliegen.

Die passende Musik
Sie können die gleiche Musik wie beim Laufband einsetzen, da die Trittfrequenz in derselben Bandbreite liegt (130 bis 180 ISPM).
Vorteil beim Stepper: Durch die kurzen Steps können Sie spielerisch schnell auf Änderungen im Musikrhythmus reagieren, und das macht richtig Spaß!

Crosstrainer
Waren Sie schon einmal Skilanglaufen? Wir meinen das klassische Laufen (nicht Skating). Dies ist in etwa mit dem Crosstrainer vergleichbar.
Anders als beim Laufband und Stepper haben Sie die Möglichkeit, auch Ihren kompletten Oberkörper (Arm- und Schultermuskulatur) mit in den Bewegungsfluss einzubeziehen. Die Fußarbeit wird dabei erleichtert und Ihre Wirbelsäule spürbar entlastet.
Start: Steigen Sie auf die Pedale, Ihre Hände fassen fest um die Zughebel. Beginnen Sie langsam mit der Vorwärtsbewegung. Wichtig dabei: Versuchen Sie nicht, zu schnell in der Wechselbewegung zu werden. Besser ist ein stetiges Treten und Ziehen. Um eine Steigerung der Belastung zu erzielen, ist es sinnvoll, den Tretwiderstand zu erhöhen (er kann an allen Geräten eingestellt werden).

Durch den kraftvollen Einsatz der Arme trainieren Sie den ganzen Körper.

Die passende Musik
Die meisten Geräte besitzen eine Drehzahlanzeige. Der angezeigte Wert (Umdrehungen/min) steht in direktem Zusammenhang mit Ihrer Schrittzahl. Das heißt: Wenn zum Beispiel 60 Umdrehungen/min angezeigt werden, können Sie mit Musik trainieren, deren Rhythmus 60 BPM oder ein Vielfaches (120 BPM) hat. Generell liegt die normale Schrittzahl beim Crosstrainer etwas unterhalb der von Laufband und Stepper. (Typisch sind 120 SPM, die Spanne reicht von 70 bis 170 SPM.)

Stretching – Dehnübungen nach dem Lauftraining

Zur Ergänzung Ihres Trainingsplans empfiehlt sich nach dem Lauftraining noch etwas Gymnastik oder Stretching. So können Sie Verletzungen vorbeugen und die Muskulatur für den nächsten Workout wieder fit machen.

Folgende Dehnübungen eignen sich für die Ausführung im Freien (CD Track 17):

Wadenmuskulatur
Aus dem Stand führen Sie das rechte Bein nach hinten. Die Fersen berühren den Boden und die Füße sind parallel.

Wadenmuskulatur

Achten Sie darauf, dass das rechte Knie gestreckt bleibt. Das linke Bein wird leicht gebeugt. Schieben Sie die Hüfte leicht nach vorne. Die Fußsohlen bleiben fest am Boden. Halten Sie die Dehnung 20 bis 30 Sekunden und wechseln Sie das Bein.

Achillessehne und Wadenansatz

Die Grundstellung bleibt fast gleich wie bei der Wadenmuskulatur-Übung. Beugen Sie nun in leichter Schrittstellung beide Beine im Knie. Achten Sie wiederum darauf, dass die Füße parallel stehen und beide Fußsohlen fest am Boden bleiben! Nach 20 bis 30 Sekunden lösen Sie die Spannung langsam und wechseln das Bein. Versuchen Sie, in der Wirbelsäule gerade zu bleiben und den Kopf hochzunehmen.

Oberschenkelstrecker

Sie können sich entweder an einem Baum oder einer Mauer mit einem Arm abstützen oder die Übung frei ausführen. Suchen Sie einen sicheren Stand, fassen Sie mit einer oder beiden Händen die Fessel Ihres rechten Fußes und ziehen Sie ihn in Richtung Gesäß. Fassen Sie den Fuß direkt am Gelenk. Achten Sie darauf, dass die Oberschenkel parallel bleiben, und kippen Sie das Becken leicht nach vorne. Versuchen Sie, die Hüfte waagerecht zu halten und

Archillessehne und Wadenansatz

Oberschenkelstrecker

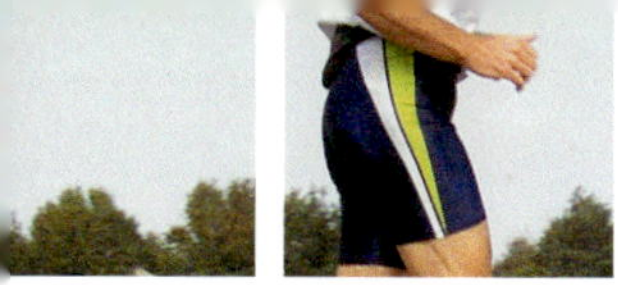

Oberschenkelbeuger

nicht seitlich zu verdrehen. Nach 20 bis 30 Sekunden die Spannung langsam lösen und das Bein wechseln.

Oberschenkelbeuger

Suchen Sie sich einen sicheren Stand und stellen Sie das rechte Bein mit durchgedrücktem Knie nach vorne auf die Ferse. Ziehen Sie die Zehenspitzen zum Körper und winkeln Sie das linke Bein leicht an. Nun kippen Sie das Becken wieder leicht nach vorne und schieben die Brust mit geradem Rücken in Richtung Zehenspitzen. Lassen Sie bitte den Kopf nicht auf die Brust fallen, sondern halten Sie ihn gerade. Nach 20 bis 30 Sekunden die Spannung langsam lösen und das Bein wechseln.

Gesäßmuskulatur

Stehen Sie sicher auf einem Bein. Fassen Sie das andere am Fuß und ziehen Sie es in Richtung Brust. Achten Sie darauf, dass Sie das Gleichgewicht bewahren. Am besten fixieren Sie hierzu einen Punkt vor Ihnen. Nach 20 bis 30 Sekunden lösen Sie die Spannung langsam und wechseln das Bein.

Gesäßmuskulatur

Adduktoren

Stellen Sie Ihre Füße etwa schulterbreit auseinander. Drehen Sie die Zehen etwa 45 Grad nach außen. Achten Sie darauf,

Adduktoren

dass die Füße mit der ganzen Fußsohle am Boden bleiben, und setzen Sie sich nun mit dem Gesäß zwischen die Beine. Zur Verstärkung der Dehnung können Sie leicht von links nach rechts pendeln. Achten Sie auf einen geraden Rücken.

Flanke

Bringen Sie Ihr rechtes Bein hinter den Körper auf die linke Seite. Beugen Sie dabei das linke Bein leicht und setzen Sie das rechte Bein mit der Außenkante auf den Boden auf. Fassen Sie nun mit der linken Hand den rechten Arm und ziehen Sie diesen zur linken Seite, ohne die Schultern seitlich zu verdrehen. Der rechte Arm liegt dabei am Kopf an. Nach 20 bis 30 Sekunden lösen Sie die Spannung langsam und wechseln das Bein und den Arm.

Latissimus/Trizeps

Führen Sie den linken Arm gestreckt nach oben. Winkeln Sie nun den Ellenbogen des linken Armes an und lassen Sie die Hand hinter dem Kopf. Fassen Sie mit der rechten Hand an den linken Ellenbogen und ziehen Sie diesen hinter den Kopf, bis ein angenehmes Ziehen auftritt. Nach 20 bis 30 Sekunden lösen Sie die Spannung langsam und wechseln den Arm.

Nackenmuskulatur

Fassen Sie mit der linken Hand Ihren Kopf an der rechten Seite. Ziehen Sie nun den Kopf ganz sanft zur linken Seite. Zur Verstärkung der Dehnung strecken Sie den rechten Arm mit der flachen Hand in Richtung Boden. Nach 20 bis 30 Sekunden lösen Sie die Spannung langsam und wechseln den Arm.

Brustmuskulatur

Suchen Sie sich einen Baum oder eine Wand. Stellen Sie sich in leichter Schrittstellung seitlich zur Wand (rechtes Bein vorne, linkes hinten). Beugen Sie Ihren rechten Arm rechtwinklig im Ellenbogen und in der Schulter und drehen Sie die linke Schulter bzw. den Oberkörper nach außen. Halten Sie die Dehnung 20 bis 30 Sekunden. Lösen Sie die Spannung und wechseln Sie die Seite.

Dehnregel

Achten Sie beim Stretching auf eine gleichmäßige und tiefe Atmung. Verstärken Sie die Dehnung beim Ausatmen.

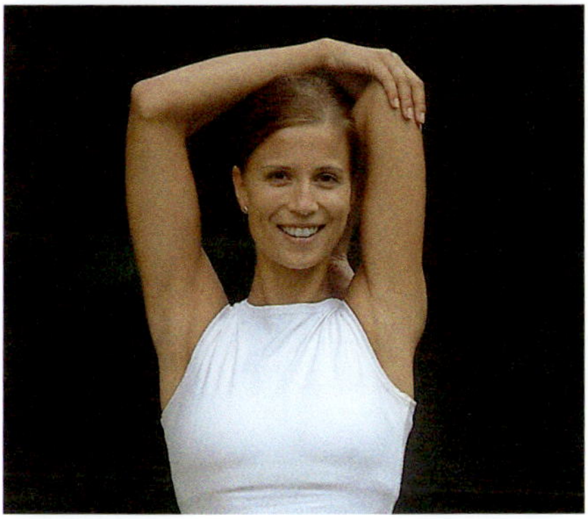

OBEN: Flanke
UNTEN: Latissimus/Trizeps

OBEN: Nackenmuskulatur
UNTEN: Brustmuskulatur

Relaxing
Wege zur Entspannung

Auch Läufer kennen Stress. Deshalb wollen wir abschließend auf das Thema »Entspannung« eingehen. Grundsätzlich gibt es verschiedene Methoden, um innere Spannungen und Stress abzubauen.

Entspannung durch Bewegung

Ein einfacher Zugang zu mehr Ruhe besteht in der Ausübung einer gleichförmigen Tätigkeit. Das klingt zwar etwas banal, aber bereits mit einem gemütlichen Spaziergang oder einer Runde Joggen können Sie Ihren »Stresslevel« etwas senken. Stress und Anspannung entstehen durch Umweltreize, die zum Beispiel im Straßenverkehr oder Berufsleben auf uns einwirken. Diese Stressoren lösen eines der beiden urzeitlichen psycho-vegetativen Grundprogramme aus: »Kämpfen« oder »Flüchten«. Unser Körper schüttet Adrenalin aus und reagiert mit der Bereitstellung von körperlichen Reserven, um uns auf einen Kampf oder eine Flucht vorzubereiten. Leider (oder zum Glück) »kämpfen« wir in der heutigen Zeit mit Worten vom Bürostuhl aus. Dies führt aber dazu, dass die aufgebauten »Bewegungsreserven« nicht mehr abgerufen werden. Unser Körper bleibt ständig unter Anspannung. Laufen Sie deshalb nach einem anstrengenden Tag eine ausgedehnte Joggingrunde, um das Gleichgewicht von Körper und Geist wiederherzustellen.

Mit regelmäßig ausgeführten Yoga-Übungen verbessern Sie Ihre Gesundheit und Ihr Wohlbefinden.

Als Ergänzung hierzu, speziell auch für Läufer, empfehlen wir nach einem anstrengenden Trainingsprogramm die nächste Übung.

Entspannung durch Ablenkung

Mit einer ruhigen Natur- oder Musik-CD können Sie auf sehr angenehme Weise, insbesondere bei körperlicher Erschöpfung, versuchen zu entspannen. Wichtig ist, dass es Ihnen gelingt, in das akusti-

sche Bild der CD »einzutauchen«. Dies wäre zum Beispiel der Fall, wenn Sie sich beim Anhören einer »Regenwald-CD« genau den Wald und die Vögel vorstellen, die Sie dort hören. Dann kann es Ihnen gelingen, sich aus Ihrer Anspannung zu befreien, negative gegen positive Gedanken einzutauschen und loszulassen.
Wählen Sie die Lautstärke so, dass Sie die Naturatmosphäre bzw. die Musik leise und angenehm wahrnehmen. Denn etwas leise zu hören lässt Ihnen mehr Platz für Ihre eigenen Empfindungen – und das ist wichtig für eine gute Entspannung. Wenn Sie an einem »lebhaften« Ort entspannen wollen, verwenden Sie am besten einen Kopfhörer mit geschlossenen Ohrmuscheln. Damit werden störende Geräusche besser ausgeblendet.

Systematisches Entspannen

Noch effektiver entspannen können Sie durch spezielle Entspannungstechniken, auf die wir hier kurz eingehen wollen.
Um diese Methoden richtig und sinnvoll anwenden zu können, sollten Sie sich einen kompetenten Lehrer suchen. Sicher gibt es auch in Ihrer Nähe ein Angebot von Kursen (Volkshochschule, Ärzte, private Initiativen).

Autogenes Training, Yoga und Tai Chi

Beim autogenen Training lernen Sie, wie Sie störende und »aufreibende« Alltagsgedanken durch Konzentration auf entspannende Körperempfindungen ersetzen. Durch das gedankliche Aufsagen verschiedener Formeln empfinden Sie eine angenehme »Schwere« und »Wärme« in Ihren Armen, Beinen und anderen Körperregionen. Bei ausreichender Übung können Sie mit autogenem Training sehr schnell und effektiv entspannen.
Bei Yoga erreichen Sie dies durch spezielle Körperstellungen (Asanas) in Kombination mit Atemübungen (Yogaatmung).
Tai Chi ist eine Methode der Bewegungsmeditation. Sanfte, langsame und ruhige Bewegungen folgen dem Atemrhythmus und führen damit zu einer inneren Harmonie und Beruhigung.

Progressive Muskelrelaxation

Diese Entspannungstechnik können auch Läufer, zum Beispiel an trainingsfreien Tagen, gut ausüben.
Beginnen Sie doch einfach mit der Entspannungsübung auf der beiliegenden CD (Track 18). Sie schaffen durch kontrolliertes Anspannen und Entspannen einzelner Muskelgruppen die Umlenkung Ihrer Aufmerksamkeit auf die verstärkte Wahrnehmung innerer Reize. Dadurch fällt es Ihnen leichter, Stressgedanken hinter sich zu lassen und den Zustand eines inneren Gleichgewichts wiederherzustellen. Angestaute Blockaden werden gelöst und Ihr Puls normalisiert. Nebenbei trainieren Sie auch diverse Muskelgruppen, die beim Laufen benötigt werden. Sie sollten diese Übungen aber nicht nach einem anstrengenden Lauftraining ausführen, da es dann zu Muskelkrämpfen kommen kann.

Musik – Songs zum Laufen

Die Songs dieser Liste wurden nach Tempo/Schrittzahl (SPM) sortiert. Damit können Sie sich Musik aussuchen, die zu Ihrem Laufstil optimal passt.
Im Internet finden Sie unter www.joggy-meter.de die neuesten Jogging-Hits und weitere aktuelle Informationen.

Titel	Interpret	SPM
Big in Japan	Alphaville	100
Nobody's wife	Anouk	100
Love on the line	Barclay James Harvest	100
Like a rolling stone	Bob Dylan	100
The boy is mine	Brandy + Monica	100
It's only love	Bryan Adams	100
Somebody	Bryan Adams	100
The long run	Eagles	100
I am not giving you	Gloria Estefan	100
Destiny	Jennifer Rush	100
Sweet home Alabama	Lynyrd Skynyrd	100
You can't hurry love	Phil Collins	100
Money's too tight	Simply Red	100
Whats love got to do	Tina Turner	100
Hold the line	Toto	100
Hush	Deep Purple	102
Everybody	DJ Bobo	102
There's a party	DJ Bobo	102
No son of mine	Genesis	102
Ordinary world	Joe Cocker	102
Whats love gonna do	Warren G	102
Touchy	A-Ha	104
Quit playing games	Backstreet Boys	104
Life is for living	Barclay James Harvest	104
High on emotion	Chris de Burgh	104
Cocaine	J.J. Cale	104
Stand by me	John Lennon	104
Who's that girl	Madonna	104
Soul food	Manhattan Transfer	104
Ordinary world	Ray Vega	104
Two beds and a coffee machine	Savage Garden	104
London rain	Heather Nova	106
Okie	J. J. Cale	106
Narcotic	Liquido	106
Another day in paradise	Phil Collins	106
Hang on to your love	Sade	106
Englishman in New York	Sting	106
Don't ask me why	Billy Joel	108
Do you really want to hurt me	Culture Club	108
The end	Doors	108
So you win again	Hot Chocolate	108
All night long	Lionel Richie	108
Kayleigh	Marillion	108
Another part of me	Michael Jackson	108
Buffallo stands	Nenneh Cherry	108
Fifty ways to leave your lover	Paul Simon	108
Loving each day	Ronan Keating	108
Street life	Crusaders	110
Open your eyes	Guano Apes	110
I don't want to be a hero	Jonny Hates Jazz	110
You can win if you want	Modern Talking	110
Pride	Simon Collins	110
Tell me	Simply Red	110
Road to nowhere	Talking Heads	110
In the name of love	U2	110
Stay on these roads	A-Ha	112
Do the freak	Bootsy Collins	112
Mustang Sally	Commitments	112
I'm coming out	Diana Ross	112
One of these nights	Eagles	112
Confusion	Elo	112
No doubt about it	Hot Chocolate	112
Need you tonight	INXS	112
When the boys came	Kelly Family	112
Live to tell	Madonna	112
Bad	Michael Jackson	112
Black or white	Michael Jackson	112
Jericho	Simply Red	112
Unbreak my heart	Toni Braxton	112
Cherish	Madonna	115
Eye in the sky	Allan Parsons Project	116
Walking on broken glass	Annie Lennox	116
Get down	Backstreet Boys	116
We have got it going	Backstreet Boys	116
Rock'n'roll fantasy	Bad Company	116
Bad company	Bad Company	116
Allentown	Billy Joel	116
Midnight in Chelsea	Bon Jovi	116
Lovefool	Cardigans	116
On the beach	Chris Rea	116
Devil woman	Cliff Richard	116
Smoke on the water	Deep Purple	116
Don't bring me down	Elo	116
Power of love	Huey Lewis	116
All for you	Janet Jackson	116
All along the watchtower	Jimmy Hendrix	116
Carry on	J.J. Cale	116
Open your heart	Madonna	116
Supergirl	Reamonn	116
Know by now	Robert Palmer	116
Don't you	Simple Minds	116
Stand back	Steve Nicks	116

Stop draggin my heart	Steve Nicks	116
Private dancer	Tina Turner	116
When a heartache is over	Tina Turner	116
Even when the nights are better	Air Supply	120
I'm outta love	Anastacia	120
Still the same	Bob Seeger	120
Daddy ccol	Boney M	120
My heart will go on	Celine Dion	120
Carrie	Cliff Richard	120
Lets dance	David Bowie	120
Everything counts	Depeche Mode	120
Is there something I should know	Duran Duran	120
War	Eric Burdon	120
I will survive	Gloria Gaynor	120
Cozmic girl	Jamiroquai	120
After midnight	J.J. Cale	120
All around the world	Lisa Stansfield	120
This is the right time	Lisa Stansfield	120
Into the groove	Madonna	120
Thriller	Michael Jackson	120
Beds are burning	Midnight Oil	120
You're my heart	Modern Talking	120
Long fellow serenade	Neil Diamond	120
Heart	Pet Shop Boys	120
Against all odds	Phil Collins	120
Money	Pink Floyd	120
Time	Pink Floyd	120
Lena	Pur	120
Honky tonk woman	Rolling Stones	120
Maria Magdalena	Sandra	120
Smooth	Santana	120
Let the music play	Shannon	120
Jet airliner	Steve Miller Band	120
Remind me	Usher	120
Can't stop loving you	Van Halen	120
Regulate	Warren G	120
Step by step	Whitney Houston	120
Dreams	Corrs	122
Keep on dancing	DJ Bobo	122
The living daylight	A-Ha	124
Only time will tell	Asia	124
Your a women	Bad Boys Blue	124
When you think about	Billy Crawford	124
Sing a song	Byron	124
Because you loved me	Celine Dion	124
Alive again	Chicago	124
Ride like the wind	Christopher Cross	124
Radio	Corrs	124
King of the road	Dean Martin	124
G.Y.	Donald Fagen	124
Sing halleluja	Dr. Alban	124
Can you feel the love tonight	Elton John	124
Don't stop	Fleetwood Mac	124
Conga	Gloria Estefan	124
Shelter me	Joe Cocker	124
Unchain my heart	Joe Cocker	124
Hello	Lionel Richie	124
Broken english	Marianne Faithful	124
Sing it back	Moloko	124
Always on my mind	Pet Shop Boys	124
Sussudio	Phil Collins	124
Evil ways	Santana	124
When ever	Shania Twain	124
The jocker	Steve Miller Band	124
How will I know	Whitney Houston	124
Its a miracle	Culture Club	125
Brother Louie	Modern Talking	125
The best things in live are free	Luther Vandross	126
Easy lover	Phil Collins	126
Man I feel like a woman	Shania Twain	126
So extreme	Billy Joel	127
One day in your life	Anastacia	128
Say goodbye to Hollywood	Billy Joel	128
Rebel rebel	David Bowie	128
Riders on the storm	Doors	128
A view to a kill	Duran Duran	128
Let's groove	Earth, Wind & Fire	128
Here comes the rain again	Eurythmics	128
Insomnia	Faithless	128
Take the long way home	Faithless	128
Little lies	Fleetwood Mac	128
Turn it on	Genesis	128
Heart and soul	Huey Lewis & News	128
Never die young	James Taylor	128
Canned heat	Jamiroquai	128
Together again	Janet Jackson	128
Bourée	Jethro Tull	128
Locomotive breath	Jethro Tull	128
Civilized man	Joe Cocker	128
First we take Manhattan	Joe Cocker	128
Shattered dreams	Jonny Hates Jazz	128
Bandits in the woods	Kraan	128
My girl	Madness	128
Our house	Madness	128
Who can it be now	Man At Work	128
Hero	Mariah Carey	128
Go the distance	Michael Bolton	128
Don't take away my heart	Modern Talking	128
Stranded in a limousine	Paul Simon	128
Wish you where here	Pink Floyd	128
What I am gonna do	Rod Stewart	128
Brown sugar	Rolling Stones	128
That impress me much	Shania Twain	128
Do it again	Steely Dan	128
Moon over Bourbon Street	Sting	128
It's my life	Talk Talk	128
Papa was a rolling stone	Temptations	128
I believe in you and me	Whitney Houston	128
Stumblin in	Chris Norman	130
Private eyes	Darry Hall & John Oates	130

Maneater	Darry Hall & John Oates	130
Take control	DJ Bobo	130
Light my fire	Doors	130
Blue	Eiffel 65	130
Just another night	Mick Jagger	130
Since you've been gone	Rainbow	130
Pretty woman	Roy Orbison	130
Everybody	Words Apart	130
Take the long way home	Faithless	131
Summer night city	Abba	132
Heat of the moment	Asia	132
I go to extremes	Billy Joel	132
Ma baker	Boney M	132
Have you ever	Brandy	132
Offshore	Chicane	132
Saltwater	Chicane	132
Arthur's theme	Christopher Cross	132
Strange kind of women	Deep Purple	132
September	Earth, Wind & Fire	132
Boogie wonderland	Earth, Wind & Fire	132
Sorry seems to be …	Elton John	132
Sweet dreams	Eurythmics	132
I am what I am	Gloria Gaynor	132
Again	Janet Jackson	132
Waiting for tonight	Jennifer Lopez	132
Carry on my …	Kansas	132
Sarahs Ritt	Kraan	132
Mambo	Loona	132
Love rendezvous	M People	132
When you believe	Mariah Carey	132
Love is a wonderful thing	Michael Bolton	132
Moonlight shadow	Mike Oldfield	132
Daylight in your eyes	No Angels	132
Suburbia	Pet Shop Boys	132
Mother	Pink Floyd	132
Welcome to the machine	Pink Floyd	132
I believe I can fly	R. Kelly	132
Little sister	Ry Cooder	132
Wind him up	Saga	132
Primavera	Santana	132
Luka	Suzanne Vega	132
Owner of a lonely heart	Yes	132
Celebrate	DJ Bobo	134
Cherish	Madonna	134
Silent running	Mike and the Mechanics	134
Jump	Van Halen	134
You make me feel	Byron	135
Pray	DJ Bobo	135
Flashdance	DJ Bobo	135
Silvertown	Marc Knopfler	135
Searchin my soul	Vanda Shepard	135
School's out	Alice Cooper	136
Games people play	Allan Parsons	136
My life	Billy Joel	136
Venus as a boy	Björk	136
Have you ever	Brandy	136
Sunstroke	Chicane	136
Don't give it up	Chicane	136
Autumn tactics	Chicane	136
All right	Christopher Cross	136
At your side	Corrs	136
Space odity	David Bowie	136
Memories are much of these	Dean Martin	136
Volare	Dean Martin	136
Money for nothing	Dire Straits	136
It's my life	Dr. Alban	136
Your song	Elton John	136
God is a dj	Faithless	136
I was born to love you	Freddy Mercury	136
Won't forget these	Fury in the Slaughterhouse	136
Invisible touch	Genesis	136
Let's get loud	Jennifer Lopez	136
Be my lover	La Bouche	136
Dancing on the ceiling	Lionel Richie	136
It's a sin	Pet Shop Boys	136
Show me the way	Peter Frampton	136
Easy lover	Phil Collins	136
We are the champions	Queen	136
Jumping jack flash	Rolling Stones	136
Avalon	Roxy Music	136
On the loose	Saga	136
She's not there	Santana	136
Moment of glory	Scorpions	136
Big city nights	Scorpions	136
Scarborough fair	Simon & Garfunkel	136
Reely in the years	Steely Dan	136
Abracadabra	Steve Miller Band	136
They dance alone	Sting	136
Steamy window	Tina Turner	136
Paper sun	Traffic	136
Chariots of fire	Vangelis	136
All at once	Whitney Houston	136
Oh yeah	Yello	136
Forever young	Alphaville	140
Du kannst zaubern	Bap	140
Hymn	Barclay James Harvest	140
Eleanor rigby	Beatles	140
I want to hold your hand	Beatles	140
A hard days night	Beatles	140
Just the way you are	Billy Joel	140
Honesty	Billy Joel	140
Hurricane	Bob Dylan	140
Dry country	Bon Jovi	140
Summer of 69	Bryan Adams	140
Believe	Cher	140
Only to my fly	Chris Rea	140
Summer holiday	Cliff Richard	140
Black night	Deep Purple	140
Love is all around	DJ Bobo	140
Mr dj	Dr. Alban	140
Ordinary world	Duran Duran	140
Little Jeanie	Elton John	140
I don't	Elton John	140
Return to sender	Elvis	140
When tomorrow comes	Eurythmics	140
Go your own way	Fleetwood Mac	140
Barracuda	Heart	140

The power of love	Jennifer Rush	140
Up where we belong	Joe Cocker	140
You really got me	Kinks	140
Earth song	Michael Jackson	140
All I need is a miracle	Mike and the Mechanics	140
I know you out there	Moody Blues	140
Don't care anymore	Phil Collins	140
Don't want to talk about it	Rod Stewart	140
Satisfaction	Rolling Stones	140
Doctor doctor	Ufo	140
Dreams	Van Halen	140
Anthem	Vangelis	140
Roundabout	Yes	140
Bobby Brown	Zappa	140
Mamma mia	Abba	144
It's still rock'n'roll to me	Billy Joel	144
Modern woman	Billy Joel	144
The power of love	Cher	144
Hard to say I'm sorry	Chicago	144
Let the dream come true	DJ Bobo	144
Take it easy	Eagles	144
When love goes wrong	Earth, Wind & Fire	144
Rocket man	Elton John	144
Lemon tree	Fools Garden	144
Get ready	Jeff Beck	144
With a little help from my friends	Joe Cocker	144
Point of no return	Kansas	144
Willin	Little Feat	144
Walking for the weekend	Lover Boy	144
Everytime you touch me	Moby	144
This flight tonight	Nazareth	144
Looking for clues	Robert Palmer	144
Let the children play	Santana	144
2 became 1	Spice Girls	144
Foreign affair	Tina Turner	144
Starring at the sun	U2	144
Wonderous stories	Yes	144
Tush	ZZ Top	144
Cradle of love	Billy Idol	145
Overkill	Man at Work	145
Easy day	Banana Fishbones	146
Eight days a week	Beatles	146
Waterloo	Abba	148
Get around	Beach Boys	148
She loves you	Beatles	148
Gimmi some loving	Blues Brothers	148
Hollywood nights	Bob Seeger	148
Mainstreet	Bob Seeger	148
You're the inspiration	Chicago	148
Waiting for the hurricane	Chris de Burgh	148
Blue hotel	Chris Isaak	148
Blue cafe	Chris Rea	148
Salvation	Cranberries	148
Lady writer	Dire Straits	148
Love her madly	Doors	148
Hold on tight	Elo	148
The carpet crawlers	Genesis	148

Christmas through your eyes	Gloria Estefan	148
Here we are	Gloria Estefan	148
Anything for you	Gloria Estefan	148
Hip to be square	Huey Lewis & News	148
Lola	Kinks	148
Material girl	Madonna	148
Innocent	Mike Oldfield	148
Groovy kind of love	Phil Collins	148
I can't stand loosing you	Police	148
De d do …	Police	148
No good	Prodigy	148
Friends will be friends	Queen	148
Balla balla	Rainbow	148
Bad case of loving you	Robert Palmer	148
Lord is it mine	Supertramp	148
Conquest of paradise	Vangelis	148
Verdammt lang her	BAP	150
25 or 6 to four	Chicago	150
Good thing	Fine Young Cannibals	150
The chain	Fleetwood Mac	150
The heart of rock'n'roll	Huey Lewis & News	150
Fire and rain	James Taylor	150
Run	Lighthouse Family	150
Abenteuerland	Pur	150
Bohemian rhapsody	Queen	150
Paint it black	Rolling Stones	150
White wedding	Billy Idol	152
We didn't start the fire	Billy Joel	152
Even know	Bob Seeger	152
Sailing	Christopher Cross	152
Sultans of swing	Dire Straits	152
Hotel California	Eagles	152
Saturday nights	Elton John	152
Viele Wege führen nach Rom	Fettes Brot	152
Pennsylvania 6-5 000	Glenn Miller	152
Devil inside	INXS	152
To old to rock'n'roll	Jethro Tull	152
Feels like forever	Joe Cocker	152
Imagine	John Lennon	152
Why why why	Kelly Family	152
Boy from N.Y.	Manhattan Transfer	152
Blues question	Moody Blues	152
The voice	Moody Blues	152
Back on the chain	Pretenders	152
Rainy night in Georgia	Randy Crawford	152
Glaubst du mir	Sabrina Setlur	152
Caroline	Status Quo	152
Dreamer	Supertramp	152
Nutbush city limits	Tina Turner	152
Breathe again	Toni Braxton	152
Dancing with the tears	Ultravox	152
I learned from the best	Whitney Houston	152
Private emotion	Ricky Martin	155
Hunting high and low	A-Ha	156
Adiemus	Adiemus	156
Kristallnacht	Bap	156

See you later alligator	Bill Haley	156
All shock up	Billy Joel	156
Lay some happiness on me	Dean Martin	156
Trapped today	Fury in the Slaughterhouse	156
Never a time	Genesis	156
I'm never gonna dance again	George Michael	156
Baby did a bad thing	INXS	156
Copperline	James Taylor	156
An angel	Kelly Family	156
Tubular bells	Mike Oldfield	156
Two hearts	Phil Collins	156
One more night	Phil Collins	156
High hopes	Pink Floyd	156
So lonely	Police	156
Don't stop me now	Queen	156
Innuendo	Queen	156
Europa	Santana	156
Breakfast in America	Supertramp	156
Baby I can hold you	Tracy Chapman	156
One moment in time	Whitney Houston	156
Sie sieht mich nicht	Xavier Naidoo	156
I'm holding on to love	Shania Twain	158
Barbara Ann	Beach Boys	160
Fun fun fun	Beach Boys	160
Surfin USA	Beach Boys	160
Come together	Beatles	160
Paperback writer	Beatles	160
Sweet sixteen	Billy Idol	160
Sometime a fantasy	Billy Joel	160
No woman no cry	Bob Marley	160
Rise and shine	Cardigans	160
Don't pay the ferryman	Chris de Burgh	160
I could easily	Cliff Richard	160
Muscles	Diana Ross	160
The day before you came	DJ Bobo	160
Crocodile rock	Elton John	160
Circle of life	Elton John	160
I cant dance	Genesis	160
Kaufen	Herbert Grönemeyer	160
Don't you love me anymore	Joe Cocker	160
Woman	John Lennon	160
Don't give up	Kate Bush	160
It ain't	Lenny Kravitz	160
Teardrop	Massive Attack	160
Heal the world	Michael Jackson	160
The girl is mine	Michael Jackson	160
Maniac	Michael Sembello	160
Southern man	Neil Young	160
Don't loose my number	Phil Collins	160
Message in a bottle	Police	160
Brüder	Pur	160
Bicycle race	Queen	160
Crazy little thing called love	Queen	160
Play the game	Queen	160
Eternity	Robbie Williams	160
She's the one	Robbie Williams	160
South of the border	Robbie Williams	160
Jonny and Mary	Robert Palmer	160

The first cut is the deepest	Rod Stewart	160
Du liebst mich nicht	Sabrina Setlur	160
Wind of change	Scorpions	160
In heaven she walks	Stranglers	160
Bloody we'll right	Supertramp	160
Take the long way home	Supertramp	160
Star	The Jinxs	160
Diggin' on you	Tlc	160
Vienna	Ultravox	160
And you and I	Yes	160
Chattanooga cho cho	Glenn Miller	162
Young turks	Rod Stewart	162
Don't look back	Chris de Burgh	164
Let's dance	Chris Rea	164
What can I do to	Corrs	164
Why do fools fall in love	Diana Ross	164
Reverence	Faithless	164
In the mood	Glenn Miller	164
Take a bow	Madonna	164
Save from harm	Massive Attack	164
Gimme tha power	Molotov	164
Ride on my see saw	Moody Blues	164
You might need somebody	Randy Crawford	164
No ordinary love	Sade	164
Night nurse	Simply Red	164
Down the dustpipe	Status Quo	164
What you get is what you see	Tina Turner	164
Stranger in town	Toto	164
I'll be over	Toto	164
You make me wanna	Usher	164
Ain't maid	2pac	165
You are the one	A-Ha	165
The raven	Allan Parsons Project	165
Auberge	Chris Rea	165
Wired for a sound	Cliff Richard	165
Throwing it all away	Genesis	165
Freeze frame	J Geils Band	165
Somewhere over the rainbow	Marusha	165
Raveland	Marusha	165
It takes me away	Marusha	165
Mario best friend	Puff Daddy	165
Down down	Status Quo	165
Big lie small world	Sting	165
Jailhouse rock	Elvis	166
A big hunk of love	Elvis	166
Bleibt alles anders	Herbert Grönemeyer	166
The longest time	Billy Joel	168
Knocking on heavens door	Bob Dylan	168
I wanna be down	Brandy	168
Going up the country	Canned Heat	168
King creole	Elvis	168
Hey Joe	Jimmy Hendrix	168

Different roads	Joe Cocker	168
Heart of gold	Neil Young	168
Stand by me	Oasis	168
We will rock you	Queen	168
The temple of the king	Rainbow	168
Rosanna	Toto	168
For my lover	Tracy Chapman	168
La grange	ZZ Top	168

You learn	Alanis Morisette	170
Norwegian wood	Beatles	170
Can't buy me love	Beatles	170
Mambo rock	Bill Haley	170
Tell her about it	Billy Joel	170
Shakedown	Bob Seeger	170
Barrel of a gun	Depeche Mode	170
Never going back	Fleetwood Mac	170
Mama	Genesis	170
Summer in the city	Joe Cocker	170
American woman	Lenny Kravitz	170
Never never	Lisa Stansfield	170
Time love and tenderness	Michael Bolton	170
Nights in white satin	Moody Blues	170
Can't turn back the years	Phil Collins	170
Mothers little helper	Rolling Stones	170
Route 66	Rolling Stones	170
Samba pa ti	Santana	170
Blackout	Scorpions	170
Fun fun fun	Status Quo	170
Fragile	Sting	170

Roll over Beethoven	Beatles	172
Shake rattle and roll	Bill Haley	172
Eyes without a face	Billy Idol	172
Gypsies	Cher	172
April	Deep Purple	172
Walk this world	Heather Nova	172
Mercedes Benz	Janis Joplin	172
Everything	Mary J. Blige	172
Man child	Nenneh Cherry	172
When the angels sing	No Angels	172
Every little thing	Police	172
Kovalsky	Pur	172
Josephine	Reamonn	172
Love touch	Rod Stewart	172
Alles	Sabrina Setlur	172
Bridge over troubled water	Simon & Garfunkel	172
What you're proposin	Status Quo	172
Driftwood	Travis	172
Easy livin	Uriah Heep	172

Love is the price	DJ Bobo	174
Waiting for a girl like you	Foreigner	174

Dear mama	2pac	175
Tobacco road	Eric Burdon	175
Five miles out	Mike Oldfield	175
Angel	Simply Red	175

Take on me	A-Ha	176
No more	Annie Lennox	176
Show me the meaning	Backstreet Boys	176
Speed	Billy Idol	176
Highway star	Deep Purple	176
The mosquito	Doors	176
New kid in town	Eagles	176
Hound dog	Elvis	176
San Francisco night	Eric Burdon	176
Hold on my heart	Genesis	176
Thats all	Genesis	176
Hanky panky	Madonna	176
I remember	Madonna	176
Give it in to me	Michael Jackson	176
True colours	Phil Collins	176
Learning to fly	Pink Floyd	176
Livin' la vida loca	Ricky Martin	176
Lazy days	Robbie Williams	176
Anybody see my baby	Rolling Stones	176
When you say …	Ronan Keating	176
Holding back the years	Simply Red	176
In your wildest dreams	Tina Turner	176
Two people	Tina Turner	176
Lady in black	Uriah Heep	176
Still	Vivid	176

Why can't this be love	Van Halen	178

Running	2pac	180
Forever not yours	A-Ha	180
Summer moved on	A-Ha	180
Run for your life	Beatles	180
Rock around the clock	Bill Haley	180
To be a lover	Billy Idol	180
Flesh for fantasy	Billy Idol	180
Fire inside	Bob Seeger	180
I am leaving	Bootsy Collins	180
As time goes by	Brian Ferry	180
Modern love	David Bowie	180
Speed king	Deep Purple	180
Twisting by the pool	Dire Straits	180
Mr blue sky	Eagles	180
Roll over Beethoven	Elo	180
I'm still standing	Elton John	180
Nikita	Elton John	180
James ruf mich an	Fettes Brot	180
Hold on my heart	Genesis	180
Mensch	Herbert Grönemeyer	180
Männer	Herbert Grönemeyer	180
You can leave your hat on	Joe Cocker	180
Wintruper echo	Kraan	180
Falling in love	La Bouche	180
Save me	La Cross	180
Do it to me	Lionel Richie	180
The power of goodbye	Madonna	180
Everybody gets a second chance	Mike and the Mechanics	180
Shadow on the wall	Mike Oldfield	180
Forever in blue jeans	Neil Diamond	180
Rhythm of love	Oleta Adams	180
Dance into the light	Phil Collins	180
That love	Ray Vega	180
If we fall in love	Rod Stewart	180
Juke box jive	Rubettes	180

Rhythm of love	Scorpions	180
My strongest suit	Spice Girls	180
Tom's dinner	Suzanne Vega	180
Life what's you make it	Talk Talk	180
20 000 Meilen ...	Xavier Naidoo	180
Wo willst du hin	Xavier Naidoo	180
Break the silence	Yannah Myles	180
Wanna be your lover	Young Deenay	182
Crying in the rain	A-Ha	184
Dark house	Amanda Marshall	184
Run to you	Bryan Adams	184
Break on	Doors	184
Sekt oder Selters	Fettes Brot	184
Hijo de la luna	Loona	184
Every kind a people	Robert Palmer	184
Love of my live	Santana	184
America	Simon & Garfunkel	184
The boxer	Simon & Garfunkel	184
Give a little bit	Supertramp	184
Ninty nine	Toto	184
Why	Annie Lennox	185
Neutron dance	Band	185
Congratulations	Cliff Richard	185
Around the world	DJ Bobo	185
Dandy	Kinks	185
Help	Beatles	186
American patrol	Glenn Miller	186
Virtual insanity	Jamiroquai	186
Luftballons	Nena	186
Chameleon	Culture Cub	188
Upside down	Diana Ross	188
Fantasy	Earth, Wind & Fire	188
Dust in the wind	Kansas	188
Secret	Madonna	188
Rain	Madonna	188
Fun for me	Moloko	188
Millennium	Robbie Williams	188
Sweetest taboo	Sade	188
Hold me	Savage Garden	188
It's only love	Simply Red	188
Fill her up	Sting	188
No scrubbs	Tlc	188
Africa	Toto	188
My way	Usher	188
This dj	Warren G	188
Right between the eyes	Wax	188
Pamela	Toto	189
Sounds like a melody	Alphaville	190
Everybody needs somebody	Blues Brothers	190
The right time	Corrs	190
Gently on my mind	Dean Martin	190
Blue suede shoes	Elvis	190
The letter	Joe Cocker	190
The simple things	Joe Cocker	190
Don't look any further	M People	190
Rubberbandmachine	Yello	190
The boy is mine	Brandy	192
On top of the world	Brandy	192
Treat her like a lady	Celine Dion	192
Josephine	Chris Rea	192
No coke	Dr. Alban	192
Its all right	Eurythmics	192
Follow you follow me	Genesis	192
You got a friend	James Taylor	192
Thats the way love goes	Janet Jackson	192
Es ist Jazz	Jazzkantine	192
Kein Bock	Jazzkantine	192
Human nature	Michael Jackson	192
You can't hurry love	Phil Collins	192
Brass in a pocket	Pretenders	192
Cherry pie	Sade	192
Mrs Robinson	Simon & Garfunkel	192
Scool	Supertramp	192
My generation	Who	192
Over my shoulder	Mike and the Mechanics	194
Paid my dues	Anastacia	195
Looking for the summer	Chris Rea	195
Porcelain	Moby	195
Me to sin	Banana Fishbones	196
Falling into	Celine Dion	196
Paradise	Sade	196
Smooth operator	Sade	196
Still haven't found	U2	196
Oh well	Fleetwood Mac	198
Don't get me wrong	Pretenders	198
Straight for the heart	Toto	198
Bloody Sunday	U2	198

Literatur

Pramann, Ulrich/Steffny, Herbert: Perfektes Lauftraining. Econ Ullstein List

Jost, Herbert: Laufen. rororo Sport

Strunz, Dr. Ulrich: Forever Young. Das Leichtlaufprogramm. Gräfe und Unzer

Hatje, Tobias/Ebmeyer, Gunnar: Perfektes Ausdauertraining. Econ Ullstein List

Wessinghage, Dr. Thomas: Laufen. BLV Verlag

Wölzenmüller, Franz: Richtig Jogging. BLV Verlag

Gerätehersteller

Sony: www.Sony.de
(Pontis SP600)
PEROS Media GmbH: www.peros.com
(Ipod) www.apple.de

Musik

www.Joggymeter.de.
aktuelle »Jogging Hits«, Infos und News zum Thema: Laufen mit Musik.

www.mp3.com
alles zum Thema MP3.